北京市哲学社会科学"十五"规划项目
北京市教育委员会社科计划重点项目成果

奥运会的
财务风险管理

Financial Risk Management of Olympic Games

董 杰 刘新立／著

Olympic
Olympic
Financial Risk Management of Olympic Games
Financial Risk Management of Olympic Games
Financial Risk Management of Olympic Games
Financial Risk Management of Olympic Games
Financial Risk Management of Olympic Games
Financial Risk Management of Olympic Games
Olympic
Financial Risk Management of Olympic Games
Financial Risk Management of Olympic Games
Financial Risk Management of Olympic Games

经济科学出版社
Economic Science Press

前言

　　财务状况对于奥运会的成功举办至关重要。本书从近50年奥运会财务状况的历史出发，首先对现代奥运会的财务状况进行比较研究，分析奥运会财务状况的收入和支出状况，以及主要运作方式，探讨奥运会财务状况中收入和支出产生的原因及对成功举办奥运会的影响，然后从理论上探讨奥运会财务运作的理想途径，即如何在符合《奥林匹克宪章》的情况下增加收入，如何在保证奥运会成功举办的情况下减少支出，并扩大奥运会的经济影响。在此基础上，全面分析北京2008奥运会的财务运作、可能面临的风险以及财务风险管理对策。

　　本书采用了文献资料法、调查访问法、比较法、归纳法、演绎法、实证法等研究方法，借鉴了一些第二手资料，运用数理统计法和系统方法等进行比较研究。本书的主要研究对象是1956年墨尔本奥运会至2004年夏季奥运会和2008年北京奥运会等近50年奥运会的财务运作状况。

　　本书的第一部分探讨了现代奥运会财务状况的发展趋势：举办奥运会在财务方面由赤字到盈余；举办奥运会的收入与支出同步增加；举办奥运会获得收入的渠道经历了由少到多，再由多到少的发展过程，但各渠道获得的收入则由少变多；举办奥运会的各方面支出去向由少到多，同时各支出渠道的数额增加迅速；兴建体育设施方面的费用是举办奥运会的最主要支出之一；奥运会财务状况的漏洞，主要包括关于举办奥运会工程支出的间接支出不计入奥运会的支出问题，关于"隐性支出"无法衡量的问题，等等。同时，对奥运会财务状况的变化原因进行了分析——奥运会规模的扩大和奥林匹克知识产权保护是奥运会财务状况产生变化的根本原因。对近 4 届夏季奥运会财务状况进行了深入研究：在收入方面，电视转播权收入是奥运会最主要的收入之一，不仅数额巨大，在举办奥运会所获得的总收入中所占份额也是最大；奥林匹克营销模式的建立，为国际奥委会和奥运会组委会利用奥林匹克知识产权保护和消除隐形市场、进行市场开发奠定了完善的组织基础；奥运会的门票销售收入在目前看来对奥运会的收入影响很大；奥运会组委会从国际奥委会的全球合作伙伴和奥运会组委会合作伙伴中获得的实物产品赞助、服务和支持（VIK）越来越多。在支出方面，举办奥运会在比赛设施方面的投入数额巨大，在奥运会总支出中的比例高；技术方面的支出数额大，在举办奥运会总支出中所占比例呈逐渐上升趋势；奥运会的安保问题越来越引起世人的关注；用于举办奥运会的开闭幕式、文化活动、火炬接力和体育展示等方面的支出呈上升趋势。

本书的第二部分针对奥运会的财务状况，全面分析了北京 2008 奥运会可能面临的财务风险，系统研究了北京 2008 奥运会的财务风险管理对策。首先从广义财务风险的角度探讨了北京奥运会财务风险的类型及形成机理，将北京奥运会的财务风险分为市场风险和间接的财务风险两种类型，其中，市场风险包括市场营销、利率与汇率、门票销售、场馆及赛后利用以及隐性支出方面的风险，间接的财务风险包括人身风险、财产风险、责任风险以及赛事取消、中断或推迟方面的风险。这些风险的不确定性最终都体现在财务收支方面的不确定性上。其次，基于风险源、风险因素、危险状态、突发事件及风险结果构建了动态风险模型。再次，从损失概率和损失幅度的角度对北京奥运会进行了财务风险评估，并给出了综合的风险评估结果：场馆及赛后利用的风险最高，为四级；接下来是隐性支出、利率与汇率的风险，为三级；责任风险的等级是二级；人身风险、财产风险、赛事取消、中断或推迟风险以及市场营销风险都为一级。在此基础上，基于整合风险管理的思想，提出了相应的控制型和融资型的风险管理对策。

本研究的目的在于使北京在筹备奥运会的过程中及今后中国举办其

他大型体育比赛时对其他奥运会举办城市的经验加以借鉴，对自身财务运作可能存在的风险事先加以防范、规避，增加收入，减少支出，达到资源的最优配置，扩大奥运会对北京的经济影响。这不仅是对北京2008奥运会，而且是对整个奥林匹克运动的发展具有开创性的研究。

本书第1章～第5章由董杰完成，第6章～第8章由董杰、刘新立共同完成。

谨以此书献给我们的孩子：

感谢他带给我们的疲劳和烦恼，让我们能够更好地体会到父母、老师哺育我们的艰辛，这样更能够唤起我们的使命感和责任感——无论是对于家庭，还是对于社会。

感谢他带给我们的欢乐与充实，是他让我们的生活圆满而精彩。

为了中华民族和全人类的可持续发展，我们不仅要善待孩子，更要以身作则，我们时刻准备着与孩子一起成长！

目 录

Contents

第 1 章

夏季奥运会财务运作的历史沿革

了解夏季奥运会财务状况的历史，对于成功举办北京 2008 奥运会有重要的借鉴意义。本章主要对夏季奥运会的财务状况进行深入研究，通过分析奥运会财务状况的总体趋势以及收支各部分的变化，为整体研究打下理论上的基础。

1.1
夏季奥运会财务状况的研究现状

国内外与奥运会财务状况相关的有关举办奥运会在收入和支出方面的研究主要集中在以下两个方面：一是奥运会营销方面的研究；二是奥运会对举办城市经济影响的研究。

1.1.1　奥运会营销

这方面的研究包括以下一些内容。

1. 奥运会电视转播权的研究

包括电视转播权的收入、收入的分配、转播方式、转播国家数量、转播时间和电视转播观众等。国际奥委会（以下简称 IOC）对奥运会电视转播权的销售方式、收费及分配、电视观众等有全面的资料发布。奥运会是在世界范围进行转播的体育比赛，世界各主要电视公司逐渐加入对奥运会做全面转播的行列，奥运会电视转播权收入迅速提高，为 IOC 在世界范围推广体育运动打下了坚实的经济基础。IOC 对奥运会电视转播权收入进行分配，有利于在全世界范围推广奥林匹克运动，IOC 对国际单项体育联合会（以下简称 IFs）的投入，促进了体育的全球化。

2. TOP 计划方面的研究

包括参加 TOP 计划的条件、特点、获得的回报、收入的分配等。

3. 关于奥运会赞助的研究

目前国际上的做法是：

（1）限制赞助商的数量，提高成为奥运会赞助商的"门槛"，保障国际奥委会和组委会的经济收入，办好奥运会。

（2）保护以奥林匹克标志为代表的知识产权，杜绝"免费"使用奥林匹克标志的现象，可以使更多的公司愿意成为奥运会的赞助商和供应商，使赞助商在一定的时间和地域内具有相对较大的市场，实现其通过资助奥运会这种社会文化活动提升其产品品牌、公司信誉，促进其自身经济发展的目的。

4. 其他

主要是指奥运会门票等方面的研究，包括奥运会门票的票价、门票发售方式、门票及其发售的数量及构成，等等。

1.1.2 奥运会对举办城市经济的影响

奥运会能够对举办城市的经济产生一定的影响，在国内外学者的研究中，Ferran Brunet（1996）从经济学的视角全面、深入、系统地研究了 1992 年巴塞罗那奥运会对巴塞罗那市和西班牙产生的经济影响，探讨了 1992 年奥运会的模式、收入和支出、奥运会的投资、奥运会在城市基础设施建设、就业等方面产生的影响；Jim Airola 等（2000）从经济学的视角研究休斯敦举办 2012 年奥运会的可能性，认为如果休斯敦举办奥运会将产生直接、间接和奥运遗产等方面的经济影响，包括旅游、促进区域经济发展等方面；Holger Preuss（2001）博士探讨了奥运会对举办城市产生的经济影响，包括奥运会的财政模式，组委会的收入和支出，奥运会可能产生的负面经济影响等；董杰（2004）博士探讨了奥运会对举办城市产生的经济影响，建立了奥运会对举办城市产生经济影响的理论模型，包括收入与支出、投入与产出两个部分，并探讨了奥运会收入及模式、奥运会支出及模式等。

通过以上的文献综述，我们发现，还没有研究者连续地从各届奥运会财务运作的角度对奥运会进行经济方面的研究，因此，本书的意义和价值更加明显。

1.2

奥运会财务状况概述

奥运会的财务状况包括因为举办奥运会而获得的各种收入和各种支出两部分。研究奥运会的财务状况就是研究举办奥运会在收入和支出方面的变化。

1.2.1 奥运会的收入

奥运会的收入是指举办奥运会所获得的全部资金和物品。从奥运会历史的角度进行研究，现代奥运会收入主要来自以下几个方面，即：奥运会举办国家政府对奥运会的资助；IOC对奥运会的投入；各种捐助；奥运会组委会（以下简称OCOG）的各种收入和税收，等等（董杰，2001）。

1.2.2 奥运会的支出

奥运会的支出是指举办奥运会所花费的全部资金或成本。从奥运会历史的角度进行研究，现代奥运会的开支主要用在以下两个方面，即：举办奥运会的组织支出和奥运会的工程支出（董杰，2003）。

1. 奥运会的组织支出

奥运会的组织支出是指那些在奥运会结束之后不能使用，也没有任何保留的各个方面的开支，主要是指筹备、举办奥运会时所需要的各种活动的具体运作花费。奥运会的组织支出包括以下一些方面的花费：制定各项计划，组织管理，文化活动，竞赛，等等。

2. 奥运会的工程支出

奥运会的工程支出是指那些在奥运会举办完之后能够继续使用的各种开支，主要是指奥运会举办国家的各级政府、OCOG、企业和私人为举办奥运会兴建的各种体育场馆设施、城市基础设施和城市环境改造等方面的花费。包括直接支出和间接支出两方面。

奥运会工程的直接支出主要是指用于新建、改建、扩建举办奥运会必须使用的比赛场馆、奥林匹克主体育场、奥运村等方面的支出，这些方面的设施对于举办奥运会是必备的。

奥运会工程的间接支出主要是指为了举办奥运会而用于新建、改建、扩建举办城市基础设施，环境保护，宾馆饭店与餐饮服务设施和其他等方面的支出。城市基础设施主要包括交通、通讯、电力、供水和排水，等等。

1.3
近50年夏季奥运会的财务状况

1.3.1 近50年夏季奥运会财务状况的总体趋势

通过对近50年夏季奥运会后正式的总结报告中财务状况的整理，近50年夏季奥运会财务状况见表1-1。表1-2为部分届次奥运会本国货币兑换美元的汇率。

表 1−1　　　　　　　近 50 年夏季奥运会的财务状况　　　单位：百万美元

年份	届　次	举办城市	收入（约）	支出（约）	盈亏（约）
1956 年	第十六届	墨尔本	3.91	4.58	−0.67
1960 年	第十七届	罗马	未获得	未获得	未获得
1964 年	第十八届	东京	73.7	73.7	0
1968 年	第十九届	墨西哥城	未获得	未获得	未获得
1972 年	第二十届	慕尼黑	352.33	540.27	−187.94
1976 年	第二十一届	蒙特利尔	606	1420	−814
1980 年	第二十二届	莫斯科	1 154.73	1 337.52	−182.79
1984 年	第二十三届	洛杉矶	746.559	531.554	+215
1988 年	第二十四届	汉城	1 324	827	+497
1992 年	第二十五届	巴塞罗那	2 080.79	2 076.98	+3.81
1996 年	第二十六届	亚特兰大	1 721.02	1 721.02	0
2000 年	第二十七届	悉尼	1 382.49*	1 167.44*	+215.05
2004 年	第二十八届	雅典	2 525.21	2 368.05	+157.16

资料来源：作者根据各届次夏季奥运会正式出版的总结报告整理。

注：＊表示数据为净收入或净支出。

表 1−2　　部分届次夏季奥运会举办国家本国货币兑换美元的汇率

时间	国家和城市	本国货币兑换美元	资料来源
1956 年 8 月	澳大利亚	英镑：美元 =0.45:1	http：//eh. net/hmit/ex-changerates/
1964 年	日本	日元：美元 =360:1	奥运会正式总结报告
1972 年 8 月	联邦德国	马克：美元 =3.65:1	奥运会正式总结报告
1980 年 8 月	苏联	卢布：美元 =0.645:1	周荣坤、郭传玲等编：《苏联基本数字手册》，时事出版社 1982 年版，第 212 页。
1988 年	韩国	韩元：美元 =684. 1:1	奥运会正式总结报告

续表

时间	国家和城市	本国货币兑换美元	资料来源
1992 年 8 月	西班牙	比塞塔：美元 = 94.0000：1	http：//www.federalreserve.gov/releases/h10/Hist/dat96_sp.htm
2000 年	悉尼	澳元：美元 = 1.7266：1	奥运会正式总结报告
2004 年 8 月	希腊	欧元：美元 = 0.830979：1	http：//www.x-rates.com/cgi-bin/hlookup.cgi

注：非奥运会正式总结报告资料数据均来自奥运会举办年份的 8 月。

1. 举办奥运会在财务方面由赤字到盈余

从表 1-1 可以看出，举办奥运会获得收益是在 1984 年洛杉矶奥运会之后，而在此之前举办的奥运会基本上都是支出大于收入，只有 1964 年东京奥运收入与支出达到平衡。这反映出由于奥运会的规模不同，各个奥运会举办国家的实际情况不同，奥林匹克营销产生的收入等方面也不尽相同。

需要注意的是，举办奥运会获得的盈余的处理也是不同的，例如，北京 2008 奥运会如果产生盈余，按照《2008 年第 29 届奥林匹克运动会主办城市合同》，将采用以下方式进行分配：（1）20% 归国家奥委会；（2）60% 由奥运会组委会与国家奥委会磋商用于主办国体育运动事业；（3）20% 归国际奥委会。因此，举办奥运会盈亏的多少，不能只凭数据来单一地进行衡量，盈余的分配方式对于盈余的多少有一定的影响。也就是说，有可能出现有的奥运会举办城市不愿意将过多的剩余资金上交国际奥委会而将财务状况的支出多列一些的情况。

单独就某一届次奥运会的财务状况来看，即使是举办奥运会没有获得收益，组委会在财务状况方面也是力争减少赤字，降低公共预算的费用，增加收入，降低公共补助金的比例，以 1972 年慕尼黑奥运会为例，见表 1-3 和表 1-4。

表 1 - 3   1970 ~ 1972 年慕尼黑奥运会
                    财务状况的变化   单位：百万德国马克

项目	1970 年 2 月 （预算）	1971 年 2 月 （预算）	1971 年 10 月 （预算）	1972 年 6 月 （预算）
支出	1 582	1 901	1 972	1 972
收入	751	1 054	1 202	1 286
公共预算的费用	831	847	770	686

资料来源：The Official Report of the Organizing Committee for the Games of the XXth Olympiad Munich 1972, issued by pro Sport München.

表 1 - 4   1970 ~ 1972 年奥运会相关的收入和
                    公共补助金总支出的比例   单位：%

时 间	与奥运会相关的收入	公共补助金
1970 年 2 月	47.5	52.5
1971 年 2 月	55.4	44.6
1971 年 10 月	61.0	39.0
1972 年 6 月	65.3	34.7

资料来源：The Official Report of the Organizing Committee for the Games of the XXth Olympiad Munich 1972, issued by pro Sport München.

2. 举办奥运会的收入与支出同步增加

在举办奥运会获得的收入方面，1956 年墨尔本奥运会收入只有 391 万美元，1980 年莫斯科奥运会收入达到 11.5473 亿美元，2004 年雅典奥运会收入达到创纪录的 25 亿多美元，这一方面说明奥运会自身的盈利能力在不断提升，另一方面说明奥运会的影响不断加大，越来越受世人瞩目。

而在支出方面，墨尔本奥运会只有 458 万美元，1976 年蒙特利尔奥运会则超过 14 亿美元，雅典奥运会更是达到 23 亿多美元。

也就是说，举办奥运会获得的收入在增加，但却并不是获得的收入越多，举办奥运会的收益就越大，而真正对举办奥运会收益起主要作用的还有举办某一届奥运会的支出到底是多少，只有收入多、而支出少的奥运会才能获得较多的收益。

3. 举办奥运会获得收入的渠道经历了由少到多、再由多到少的发展过程,但各渠道获得的收入则由少变多

1956 年墨尔本奥运会的收入渠道十分有限,各种渠道的收入数额也十分有限,详见表 1-5。

表 1-5　　　　　　　1956 年墨尔本奥运会的收入渠道与数额　　　单位：英镑

收入渠道	数　额
净门票销售	1 170 000
节目（活动）	36 000
电影、许可证、特许权	77 000
储蓄的利息	12 000
参赛运动员和官员的食宿费	397 000
奥运村小卖部	68 000
总　　计	1 760 000

资料来源：The Official Report of the Organizing Committee for the Committee for the Games of the XVI Olympiad Melbourne 1956.

1964 年东京奥运会收入的渠道较 1956 年墨尔本奥运会的收入渠道明显增多,收入的数额也明显增大,重要的是,东京奥运会的收入渠道与 1984 年洛杉矶奥运会以后的奥林匹克营销的模式有很多相类似的地方,见表 1-6。

表 1-6　　　　　　　1964 年东京奥运会组委会收入　　　单位：百万日元

收入渠道	数　额
补助金	**3 102**
国家政府	1 551
东京市政府	1 551
捐款	**2 855**
奥林匹克筹募基金会	2 805

续表

收入渠道	数　额
其他	50
计划收入	**3 656**
门票收入	1 871
销售计划	35
特许权收入	600
奥林匹克电影	737
参赛代表团付费	372
其他计划收入	41
各种各样收入	**320**
利息	35
其他	285
准备金退款	**13**
总　计	**9 946**

资料来源：The Organizing Committee for the Games of the XVIII Olympiad, The Games of the XVIII Olympiad Tokyo 1964, The Official Report of the Organizing Committee, 1966, 10.

注：1 美元 = 360 日元。

需要在此说明的是，奥林匹克筹募基金会的收入包括以下一些渠道，如实施邮资邮票的额外费用、电话本广告、卖香烟的广告、"奥林匹亚"香烟的销售、国家有轨电车广告、地铁车厢广告、政府控制下的赛马收入、地方机构控制下的赛马收入、存款的奖金、彩票、服务门票收入、10 日元捐款收入、纪念章收入、公司、组织和个人捐款，以及国内各种职业比赛的收入，等等。奥林匹克筹募基金会获得的收入主要是通过市场营销来获得的，所以，奥林匹克筹募基金会对奥运会的捐款实际上是将市场营销收入的一部分作为举办 1964 年东京奥运会的资金，因此，东京奥运会获得收入的渠道与 1984 年奥运会后的奥林匹克营销模式有相似的地方。

2004 年雅典奥运会的收入渠道十分有限，但各个渠道的收入却十分可观，而近几届奥运会的收入都呈现出这种特点，详见表1-7。

表1-7   **2004年雅典奥运会组委会收入**   单位：百万欧元

收入渠道	数　额
电视转播权	578.7
国际和国内赞助	536.7
希腊各州的合同参与	282.5
财务收入	226.0
门票	194.1
经销收入	119.7
食宿服务的供应	113.7
其他收入	47.0
总　计	2 098.4

资料来源：Official Report of the XXVIII Olympiad.

4. 举办奥运会的各方面支出去向由少到多，同时各支出渠道的数额增加迅速

1956年墨尔本奥运会的支出去向及数额见表1-8。从表1-8可以看出，当时举办奥运会的花费无法与今天的奥运会相比，支出的渠道及支出的数额都相当有限。

表1-8   **1956年墨尔本奥运会的支出去向及数额**   单位：英镑

支出项目	数　额
工资	290 000
办公花费、电话、灯和电，清洁和租房等	77 000
酬金、保险和借款付息	15 000
出差花费	55 000
招待花费	26 000
印刷、计划和宣传	109 000
安全方面办公	7 000

续表

支出项目	数　额
制作（奥运）电影	50 000
比赛和展示	76 000
租露天大型运动场	91 000
清洁体育场和其他方面	27 000
露天大型体育场的建设	132 000
设备——技术，录制电影和办公	90 000
澳大利亚队、官员、体育协会的补助金	88 000
交通、运输和货运方面的费用	97 000
奥运村——住房，公共饮食和小卖部的花费	840 000
总　计	2 060 000

资料来源：The Official Report of the Organizing Committee for the Committee for the Games of the XVI Olympiad Melbourne 1956.

1964 年东京奥运会组委会的支出渠道及数额见表 1 - 9。

表 1 - 9　　　　　　　　　1964 年东京奥运会组委会的
支出渠道及数额　　　　　　　单位：百万日元

支出去向	数　额
行政管理（包括人员支出和其他）	2 066
各项支出（包括交通、外事活动、奥运村、宣传推广、门票管理、体育设备、仪式（开闭幕式）、医疗服务、设施、安保支出、东京国际体育周）	7 071
清算支出	59
平衡支出	750
总　计	9 946

资料来源：The Organizing Committee for the Games of the XVIII Olympiad, The Games of the XVIII Olympiad Tokyo 1964, The Official Report of the Organizing Committee, 1966, 10.

注：1 美元 = 360 日元。

2004 年雅典奥运会的支出渠道及数额见表 1 – 10。

表 1 – 10　　　　　　　　2004 年雅典奥运会组委会的支出
渠道及数额　　　　　单位：百万欧元

支　　出	数额
技术（信息技术、通讯和能源）	338.8
运动会运行（交通、食品服务、证件检验、浪费、管理、场馆运行等）	309.6
运动会支持（志愿者、培训、食宿、比赛等）	298.0
奥运会和残奥会装修花费	190.2
奥运会电视转播信号的制作和传输	171.7
火炬接力，开闭幕式和文化活动	133.4
管理服务	101.4
残奥会（举办花费）	99.4
财务服务和后勤	93.5
市场计划和推广支持（门票、赞助、经销产品、网站）	92.4
形象和推广	69.8
IOC 和 HOC（希腊奥委会）权益	69.6
总　　计	1 967.8

资料来源：Official Report of the XXVIII Olympiad.

5. 兴建体育设施方面的费用是举办奥运会的最主要支出之一

　　尽管随着社会的进步、经济的发展，奥运会举办城市的体育设施越来越向高水平发展，但这些体育设施对于举办像奥运会这样的大型综合体育赛事来讲还存在相当大的差距。从各届奥运会的财务状况来看，各个奥运会举办城市用于兴建、改建和扩建奥运会比赛场地的资金数额仍然十分巨大。

　　1956 年墨尔本奥运会用于露天大型体育场建设的费用为 132 000 英镑，在今天看来这个数额并不算大，但却占到奥运会支出的 6.41%。而如果算上租露天大型运动场、清洁体育场和其他方面、奥运村——住房、公共饮食和小卖部的花费等方面的支出，那么用于建设、使用各种设施方面的支出占举办奥运会总支出的比例则高达 52.91%。

1964 年东京奥运会在体育设施方面的巨额投入与日本在第二次世界大战战败有关。奥运会举办城市在城市基础设施方面和体育设施方面的不足，使得举办城市必须增加体育设施方面的投入，其中，奥运会组委会在设施方面投入 2 607 百万日元，而这个支出只是体育设施支出当中很小的一部分，日本政府、东京市政府、神奈川地方政府、横滨市政府、Saitama 地方政府和其他方面用于体育设施方面的支出高达 16 588 百万日元，相当于 46 077 777 美元。

2004 年雅典奥运会组委会的支出都是用于奥运会运行的组织支出，而城市基础设施的建设和必要的体育设施建设由希腊各州负责，花费也十分巨大。雅典奥运会仅用于奥运会和残奥会装修方面的花费则高达 190.2 百万欧元，占雅典奥运会总花费的 9.7%。

6. 奥运会财务状况的漏洞

由于奥运会获得收入的能力在不断提高，有研究认为，举办奥运会可以产生很大的经济效益，但是，奥运会工程的间接支出和隐性支出问题对于计算奥运会的经济效益非常重要，如何对待这两个方面的支出，关系到奥运会的经济收益。

（1）关于举办奥运会工程支出的间接支出不计入奥运会的支出问题。

近 50 年夏季奥运会的财务状况由赤字到实现基本平衡，或略有盈余，是由于举办奥运会用于城市基础设施建设方面的支出，即举办奥运会的工程支出的间接支出没有计入举办奥运会的支出。如果此方面的支出计入举办奥运会的支出，举办奥运会在财务方面将出现巨额亏损。

之所以没有将工程支出的间接支出计入举办奥运会的支出，原因主要来自两个方面：一方面，目前很难将用于举办城市基础设施方面的资金进行区分，即哪些设施的支出是为举办奥运会专门兴建的，哪些是即使不举办奥运会，举办城市也仍旧要在今后几年之内建设或改建的；另一方面，奥运会的组织者，或奥运会举办城市政府不希望出现举办奥运会在经济方面没有盈利，或出现巨额亏损的局面。

由于这方面资金数额巨大，因此，多由政府出资新建。

（2）关于"隐性支出"无法衡量的问题。

举办奥运会，由于工程巨大，涉及社会的方方面面，会有各种各样的支出，但收入的来源是有限的，因此，有些支出，特别是政府对举办奥运会的资助就会不被计入奥运会的支出，只有这样才能实现收支平衡。这些支出主要包括：

安保方面。政府在除了奥运会比赛场馆之外的安保方面投入巨大，特别是在人力资源方面，以及奥运会举办城市的社会治安方面。

训练场馆方面。举办奥运会不仅需要新建、改扩建大量的比赛场馆，而且，还要有大量的与奥运会比赛相配套的训练场馆，这些场馆方面的改扩建及周边环境的美化，往往需要场馆的业主部门负担经费，或由地方政府负担经费。

文化活动与宣传方面。奥运会组委会会从支出中列出专门用于文化活动和宣传方面的经费，但奥运会举办城市常常举办各种活动来提升举办城市在举办国家或全世界的形象或地位，增加大量的支出，而这些方面的支出，很难在奥运会的财务状况中看出来。

1.3.2 近50年夏季奥运会的收入

从表1－1中可以看到，近50年夏季奥运会的收入呈现增加的趋势，因此，有必要对奥运会收入的各个组成部分进行深入的研究。奥运会获得的收入来源于国际奥委会资助、奥运会举办国家政府的资助、奥运会组委会的收入、捐赠和税收五个方面，但是，国际奥委会对奥运会组委会的资助渠道在1985年之后举办的奥运会中才显示得非常明确，而在此之前举办的奥运会中只有电视转播权的收入。另外，由于不能连续获得举办奥运会在税收方面的收入的数据，故只能在理论上对此方面的收入进行说明。

1. 国际奥委会对奥运会的资助依然是举办奥运会资金的最主要来源

国际奥委会对举办奥运会的资助主要是通过两条渠道实现的，一是出售奥运会的电视转播权；二是实施奥林匹克全球合作伙伴计划，即TOP计划。而1984年及以前举办的奥运会上，国际奥委会只是在电视转播权方面（1960年奥运会之后）给予奥运会组委会一定的资助。

（1）奥运会电视转播权。

奥运会电视转播权属IOC所有，IOC直接负责同所有电视转播商进行奥运会电视转播权合同的谈判，以使奥林匹克运动的长期利益得到保护。世界上的大多数人是通过电视来体会奥运会的，基于这个原因，在奥林匹克宪章中，IOC 制定的电视转播政策是保证最大限度地将奥运会呈现给全世界：保证……最大可能范围的观众看到奥运会，所有必要的步骤由 IOC 执委会决定和奥运会组委会执行。同时，奥运会电视转播权只出售给那些能保证在他们各自国家和地区让最大范围观众免费观看奥运会的转播商。奥运会是目前世界上保留这个政策的主要比赛之一。

首次对奥运会进行电视转播是在 1936 年德国举行的第 11 届奥运会上，虽然当时只有德国 1 个国家进行了转播，摄影机不过 3 部，观众16.2 万人，收视直径在 30 公里的范围，但却开创了人类将电视与奥运会结合的先河。1952 年芬兰赫尔辛基奥运会有两个国家进行电视转播，到了 20 世纪 60 年代以后，参与奥运会电视转播的国家和地区越来越多，1960 年意大利罗马奥运会为 21 个，1964 年日本东京奥运会为 40个，1976 年加拿大蒙特利尔奥运会进行电视转播的国家和地区首次超过 100 个，达到 124 个。进入 90 年代以后，这个速度发展得更快，1992 年西班牙巴塞罗那奥运会为 193 个，1996 年美国亚特兰大奥运会为 214 个，转播 2000 年澳大利亚悉尼奥运会的国家和地区更是创纪录地达到 220 个。[①]

转播奥运会的国家和地区比转播其他体育项目比赛的国家和地区数量要多，1994 年世界杯足球赛为 188 个；1996 年美国超级碗比赛 187个；1996 年温布尔顿网球赛 167 个；1995 年世界一级方程式锦标赛有127 个国家和地区转播。从上面这些事实中可以清楚地看到，奥运会的电视转播是世界范围的全球化的电视转播。

① 奥运会电视转播权收入迅速提高，为 IOC 在世界范围推广体育运动打下了坚实的经济基础。

出售电视转播权是奥林匹克运动的主要收入。1948 年英国广播公司花 3 000 美元购买了伦敦奥运会的电视转播权，虽然最后因种种原因，组委会没有兑换这笔钱，但却从此确立了奥运会电视转播权的概念。1960 年罗马奥运会首次对欧洲 18 个国家进行转播，电视转播权收入为 1 178 257 美元，1972 年慕尼黑奥运会电视转播权收入为

---

① Sydney 2000 Olympic Games Marketing Programmes. www. olympic. org.

17 792 000 美元，1980 年莫斯科奥运会电视转播权收入为 87 984 117 美元，1992 年巴塞罗那奥运会电视转播权收入为 635 560 000 美元，[①] 2000 年悉尼奥运会电视转播权收入为 1 331 600 000 美元，2004 年雅典奥运会电视转播权收入达到 14.975 亿美元，北京奥运会电视转播权收入已经超过 17 亿美元。[②] 从这些具体的数字可以看出，奥运会电视转播权收入每 10 年就增长几倍。奥林匹克电视转播商对于推动奥林匹克运动的发展，起到了很大的作用。过去 20 年奥林匹克电视转播权收入的提高，为奥林匹克运动和体育的发展提供了一个无法预计的财政支持，使得 IOC 可以为不同的组织和计划直接提供支持，从而促进了体育在全世界的推广。

② IOC 对奥运会电视转播权收入进行分配，有利于在全世界范围推广奥林匹克运动。

IOC 在整个奥林匹克大家庭里分配奥运会电视转播权收入，包括 OCOG、国家奥委会（以下简称 NOC）、国际单项体育联合会（以下简称 IFs）和 IOC，IOC 对电视转播权收入的分配比例不断发生变化，1993 年的资料显示，当时 IOC 将电视转播权收入的 75% 给 OCOG，剩余 25% 由 NOC、IFs 和 IOC 均分；1998～2002 年，其中 60% 的电视转播权收入被分配给 OCOG，另外 40% 被分配给奥林匹克大家庭里其余的部分；2004 年以后，OCOG 只能得到电视转播权收入的 49%，而 51% 将被分配给奥林匹克大家庭里其余的部分。从中可以看出，OCOG 得到电视转播权收入的比例在不断下降，其余部分得到的比例在上升，但由于电视转播权收入增加很快，OCOG 实际得到的数目一直是上升的。

本着谁参与谁受益的原则，IOC 通过出售奥运会电视转播权把世界各个国家、各个体育组织联合在一起，使大家共同参与奥林匹克运动，共同分享奥林匹克运动的收益，从而提高了各个国家和各个体育组织参与奥运会的积极性。

③ IOC 对 IFs 的投入，促进了体育的全球化。

1996 年亚特兰大奥运会参加的国家和地区超过 200 个，其规模是

---

① Ferran Brunet, An Economic Analysis of the Barcelona 92 Olympic Games: Resources, Financing, and Impact, Moragas, Miquel de & Miquel Botella (eds.): The Keys to Success. Barcelona: Universitat Autònoma de Barcelona, 1996.

② Sydney 2000 Olympic Games Marketing Programmes. www.olympic.org.

1984 年奥运会的两倍，是 1994 年利勒哈默尔冬奥会的 6 倍；2000 年悉尼奥运会有 10 651 名运动员参加，共设有 28 个大项，300 个小项，其中男运动员参加 168 个小项，女运动员参加 120 个小项，男女混合参加 12 个小项的比赛。由上述事实可见，现代奥运会的规模如此之大，其复杂程度可想而知，如果没有 IFs 对奥运会的积极参与，在技术上给 OCOG 的全力支持，要想成功举办一届奥运会是很难想象的。

1996 年奥运会，28 个夏季国际单项体育组织，有 26 个组织分别从 IOC 电视转播权收入中分得 2.177 百万美元；2000 年悉尼奥运会，28 个体育组织各分得 3.168 百万美元，总和为 88.704 百万美元，① IOC 对 IFs 的投入是双赢的，这些投入保证了 IFs 为 OCOG 提供最好的技术服务，使得 IOC 能够在奥运会举办前后有更多的时间和精力处理其他事务，同时，由于 IFs 在技术方面的专业性和权威性，能够科学、合理地进行电视转播以吸引更多的电视观众，从而促进了体育的全球化。

④ IOC 对国际体育事物的经济投入，树立了 IOC 的世界形象。

设立奥林匹克团结基金，支持所有需要帮助和参与奥林匹克运动的不同国家、地区、体育组织和不同年龄的运动员、教练员、科研人员，不断提高这些国家和地区以及体育组织的管理水平，提高接受训练人员的运动水平、教练水平和科研水平，从整体上提高体育运动水平，将奥林匹克运动提升到一个前所未有的高度。

IOC 从 2000 年悉尼奥运会电视转播权收入中拿出 25 百万美元作为世界反兴奋剂组织的基金，支持世界反兴奋剂运动，维护奥林匹克运动的纯洁性和奥运会比赛的公正性，使得奥林匹克理想深入人心，树立正确的舆论导向，形成良好的社会公众形象，通过这些有意义的活动，塑造了 IOC 在国际事务和国际体育事务中的良好形象，从而更好地宣传奥林匹克理想，推广奥林匹克运动。

（2）TOP 计划。

① 第 1~4 期 TOP 计划实施的情况。

1985 年 IOC 开始实行第 1 期 TOP 计划，每 4 年一个周期，至今已经连续实行了 5 期，现在正在实行第 6 期 TOP 计划。TOP 计划的成功

---

① Sydney 2000 Olympic Games Marketing Programmes. www.olympic.org.

实施，拓宽了 IOC 收入的渠道，在全世界范围内更大限度地宣传了奥林匹克运动。TOP 计划的直接受益者是 OCOG、NOCs 和全世界参加奥运会的代表队，以及 IOC，表 1-11 是 IOC 实施的前 4 期 TOP 计划的基本情况。

表 1-11　　　　　　IOC 实施第 1~4 期 TOP 计划的基本情况

	第 1 期 (1985~1988 年)	第 2 期 (1989~1992 年)	第 3 期 (1993~1996 年)	第 4 期 (1997~2000 年)
世界范围的赞助商	9 个	12 个	10 个	11 个
国家奥委会参与率	154/167(92%)	169/172(98%)	197(100%)	200(100%)

资料来源：任海主编：《奥林匹克运动百科全书》，中国大百科全书出版社 2000 年版；www. olympic. org, 2001。

正像 IOC 不是把出售电视转播权的全部费用都给 OCOG 一样，IOC 对 TOP 计划的收入分配也是按照一定的比例进行的，见表 1-12。

表 1-12　　　　　　IOC 实施第 1~4 期 TOP 计划的
收入分配比例　　　　　　单位：%

第 1 期 (1985~1988 年)		第 2 期 (1989~1992 年)		第 3 期 (1993~1996 年)		第 4 期 (1997~2000 年)	
汉城组委会	44	巴塞罗那组委会	36	亚特兰大组委会	36	悉尼组委会	33
卡尔加里组委会	20	阿尔贝维尔组委会	18	利勒哈默尔组委会	14	长野组委会	17
各国奥委会	22	各国奥委会	20	各国奥委会	20	各国奥委会	20
美国奥委会	12	美国奥委会	18.5	美国奥委会	20	美国奥委会	20
IOC	2	IOC	7.5	IOC	10	IOC	10

资料来源：任海主编：《奥林匹克运动百科全书》，中国大百科全书出版社 2000 年版。

从表 1-12 中可以看出，OCOG 从 TOP 计划中收入的比重正逐渐下降，尤其是夏季奥林匹克运动会，各国奥委会的收入比较稳定，IOC 的收入呈上升趋势，这也是近年来 IOC 在国际事务和国际体育事务中地位不断提高的一个重要原因。

第 1 期 TOP 计划收入只有 9 500 万美元，第 4 期 TOP 计划的收入达到 5.5 亿美元以上，见表 1 - 13，从中可以看出 TOP 计划在每一个周期中获得的收入提高的幅度很大，而且赞助商数量稳定，参加 TOP 计划的国家和地区奥委会，从 1993 年第 3 期开始就达到了百分之百，真正实现了共同参与、利益分享的准则，在世界范围内推广了奥林匹克运动。

表 1 - 13　　　　　　　　第 1 ~ 4 期 TOP 计划的收入　　　　单位：亿美元

TOP 计划	第 1 期	第 2 期	第 3 期	第 4 期
计划创收	0.8	1.4	3.5	3.5
实际收入	0.95	1.75	3.5	5.5

数据来源：任海主编：《奥林匹克运动百科全书》，中国大百科全书出版社 2000 年版；www. olympic. org，2001。

OCOG 从第 1 ~ 4 期 TOP 计划中获得的收入，见表 1 - 14。

表 1 - 14　　　　　夏季奥运会组委会从第 1 ~ 4 期 TOP
　　　　　　　　　　　计划中获得的收入　　　　单位：亿美元

时　期	夏季 OCOG 收入
第 1 期	0.418
第 2 期	0.63
第 3 期	1.26
第 4 期	1.815
总　计	4.123

数据来源：任海主编：《奥林匹克运动百科全书》，中国大百科全书出版社 2000 年版；www. olympic. org，2001。

② TOP 计划参与公司及赞助金额。

参加第 2 期 TOP 计划（1989 ~ 1992 年）的公司及赞助金额见表 1 - 15。[①]

---

① 参见雷鹏：《现代奥运会商业赞助特征的研究》，载《西安体育学院学报》，2004 年第 2 期。

奥运会

表 1-15　　　　　参加第 2 期 TOP 计划（1989～1992 年）
的全球赞助商及赞助金额　　　　单位：百万美元

公　司	赞助金额
可口可乐公司	2 800～3 000
马氏公司	2 000～2 500
VISA 信用卡	2 200
柯达	2 100
3M 公司	2 000
飞利浦公司	1 800～2 000
博士伦公司	1 500
运动画刊	1 200～1 500
兄弟工业公司	1 000～2 000
美国邮政总局	1 100

　　目前成为奥林匹克全球合作伙伴所需缴纳的费用已经超过 6 000 万美元，而可口可乐公司参加 TOP Ⅳ 的费用为 4 500 万美元，TOP Ⅴ 为 5 500 万美元，该公司参加与北京 2008 奥运会直接有关的 TOP Ⅵ 的费用为 6 200 万美元。而参加第 6 期 TOP 计划的公司数量为 11 家，具体为：可口可乐，源讯（Atos Origin），通用（GE），柯达，联想，宏利金融集团，麦当劳，欧米茄，松下，三星和威萨信用卡。[①]

　　需要注意的是，参加奥运会全球合作伙伴计划的公司，对奥运会组委会的赞助，在服务、技术和物质方面（简称 VIK）的价值在迅速上升，以雅典奥运会为例，见表 1-16。[②] 这样的赞助对于奥运会的成功举办非常重要。而这种形式不仅仅在奥林匹克全球合作伙伴的赞助中，在奥运会组委会合作伙伴的赞助中也存在。

---

① 第 29 届奥林匹克运动会组织委员会．北京 Beijing 2008，ISSUE 02，2006。
② Official Report of the XXVIII Olympiad.

表 1 – 16　　　　　　　赞助商提供服务和物资等价于
组委会收入情况　　　　　单位：美元

国际赞助商	报告（美元）
可口可乐	4 100 000
柯达	14 000 000
松下	7 220 000
麦当劳	3 000 000
三星	6 799 970
体育画刊	0
施乐	17 309 665
源讯（Atos Orign）	80 700 100
斯沃琪（Swatch）	44 460 000
总计 VIK 价值	177 589 735

从以上两种渠道可以看出，国际奥委会对奥运会的举办在财政方面资助巨大。以北京 2008 奥运会为例，目前，电视转播权销售数额约为 18 亿美元，北京获得其中的 49%，约 9 亿美元，第 6 期 TOP 计划的收入约为 6 亿美元，北京将获得其中的 33%，约为 2 亿美元，也就是说，IOC 将给北京奥运会资助超过 11 亿美元。

2. 奥运会举办国家各级政府对举办奥运会的投入仍旧十分重要

奥运会举办国家各级政府对于举办奥运会的投入在财务方面十分重要。表 1 – 17 是近 50 年部分届次奥运会政府的资助数额及占收入的百分比。

表 1 – 17　　　　　　近 50 年部分届次奥运会政府资助的
数额及占收入的百分比　　　单位：百万美元

年份和届次	数额（约）	占收入百分比（%）
1964 年第十八届	54.69	74.21
1972 年第二十届	187.94 *	34.79
1976 年第二十一届	176	29.04

续表

年份和届次	数额（约）	占收入百分比（%）
1984 年第二十三届	无	0
2004 年第二十八届	340.36	13.48
2008 年第二十九届	1971.6	56.39

资料来源：作者根据相关届次奥运会正式总结报告资料整理。

注：＊数据为公共预算费用，百分比的计算则是以此数据除以此数据加上慕尼黑收入之和。

从表 1 - 17 中可以看出，政府对举办奥运会的资助数额巨大，占奥运会收入的比例很高。其中，1964 年东京奥运会政府资助占奥运会收入的 74.21%，而北京奥运会尽管根据《北京 2008 年奥林匹克运动会申办报告》中所说，中央和北京市政府各为举办 2008 年奥运会资助 5 000 万美元，但政府为体育设施建设方面投入巨大，也应该计为奥运会的收入。

政府对举办奥运会的资助是全方位的，特别是在安保、奥运会比赛设施建设和环境改造等方面对奥运会的帮助巨大，以 1976 年蒙特利尔奥运会为例，政府的捐款项目和数额见表 1 - 18。①

表 1 - 18   1976 年蒙特利尔奥运会加拿大各级政府
为奥运会捐款数   单位：美元

各级政府及资助的项目	金　额
加拿大政府（武装力量、邮政服务、金斯敦港湾改建、加拿大皇家骑警、制服等）	142 000 000
魁北克政府（魁北克警力和各部门参与等）	25 000 000
安大略湖政府（奥林匹克划船中心建设和省警察参与等）	1 000 000
蒙特利尔市（警察加班付费、景观美化、清洁等）	8 000 000
总　计	176 000 000

① Montreal：〔Organizing Committee of the 1976 Olympic Games〕，Montreal 1976：Games of the XXI Olympiad，Montreal 1976：Official Report，1978.

3. 奥运会组委会市场营销的收入大幅度上升

（1）组委会市场营销收入及占奥运会收入的百分比。

奥运会组委会市场营销收入的大幅度提高是从 1984 年洛杉矶奥运会开始的，由于参与组委会市场营销的公司数量受到控制，增加了成为奥运会市场营销参与企业的潜在商业价值，导致收入增加。而在此之前举办的奥运会尽管参与营销的公司数量众多，但获得的经济收入还十分有限（见表 1 - 19）。

表 1 - 19 部分届次奥运会组委会市场营销的收入

时间及届次	收入（百万美元）	占收入的百分比（%）
1964 年第十八届	9. 01	32. 61
1976 年第二十一届	143	23. 6
1980 年第二十二届	484. 65	41. 97
1984 年第二十三届	292. 732	39. 21
1988 年第二十四届	351. 08	26. 4
1996 年第二十六届	883. 498	51. 34

资料来源：作者根据历届奥运会正式总结报告整理。

1964 年东京奥运会组委会市场营销收入包括门票收入、销售产品收入、特许权收入和奥林匹克电影收入。

1976 年蒙特利尔奥运会组委会市场营销收入包括门票收入、销售产品收入、奥林匹克纪念币和纪念邮票收入，其中奥林匹克纪念币和纪念邮票的收入十分可观，达到 1. 15 亿美元。

1980 年莫斯科奥运会组委会市场营销收入包括门票收入、在苏联和国外经销产品的收入、纪念币收入、正式供应商和赞助商的收入、邮票和其他集邮产品的收入、其他收入（包括出版物、保险、销售贵重物品等）和期望在 1981 年获得的收入（经销产品、邮票等）。从这些收入中看出，组委会的市场营销收入与现代奥运会的市场营销模式有相似之处，这也说明 1984 年奥运会采用的市场营销模式是在以前奥运会市场营销模式的基础上产生的，另外需要注意的是，奥运会结束之后还可以经销产品、邮票等，并获得一定的收入。现在，在夏季奥运会结束的年底，就不允许经销有关本届奥运会的产品了，自然也就不会有这种收入了，各项目具体的收入见表 1 – 20。[①]

表 1 – 20　　　　　　　1980 年莫斯科奥运会组委会
市场营销的收入　　　　　　单位：百万卢布

项　　目	金　　额
在苏联和国外经销产品的收入	199.3
纪念币收入	65.5
正式供应商和赞助商的收入	7.8
邮票和其他集邮产品的收入	6.2
出售奥运会门票	20.2
其他收入（出版物、保险、销售贵重物品等）	1.6
期望在 1981 年获得的收入（经销产品、邮票等）	12.0
合　　计	312.6

　　1984 年奥运会组委会市场营销收入包括门票收入、赞助收入和纪念币收入。

　　1988 年奥运会组委会市场营销收入包括门票收入、市场收入、纪念币、纪念章和纪念邮票收入等。

　　由于无法区分奥运会市场营销收入中哪些是组委会的收入，哪些是国际奥委会的收入，因此，1992 年巴塞罗那、2000 年悉尼和 2004 年雅典奥运会组委会的收入没有在此列出。

　　1996 年奥运会组委会市场营销收入包括门票收入、国内赞助商收入和商品销售收入。

　　从表 1 – 13 中可以看出，组委会市场营销收入上升很快，占举办奥

---

①　Games of the XXII Olympiad, Moscow 1980：Official Report of the Organising Committee of the Games of the XXII Olympiad, Moscow, 1980.

运会获得的收入比例大，说明奥运会组织者千方百计增加举办奥运会的收入，用以减少奥运会规模巨大带来的经济压力。

（2）组委会门票收入及占奥运会收入的百分比。

门票销售收入的增加是导致奥运会组委会市场营销收入增加的一个重要原因，门票销售的数量和收入对成功举办奥运会至关重要。门票销售的数量不仅仅决定奥运会获得多少收入，而且，决定奥运会是否能够成功举办。因为，观众在现代社会可以给奥运会的组织者带来多方面的利益，特别是经济利益（见表1-21）。

表1-21	部分届次奥运会门票收入	
时间届次	收入（百万美元）	占收入的百分比（%）
1964 年第十八届	5.2	18.81
1976 年第二十一届	27	4.46
1980 年第二十二届	31.32	2.71
1984 年第二十三届	139.834	18.73
1988 年第二十四届	40.19	3.02
1992 年第二十五届	100.57	4.83
1996 年第二十六届	425.14	24.7
2000 年第二十七届	307.14*	22.22
2004 年第二十八届	233.58	9.2

资料来源：相关届次奥运会正式总结报告。

注：＊数据表示净收入。

奥运会的门票收入是奥运会组委会获得收入的重要来源之一。近50 年奥运会门票收入呈现快速上升的趋势，但在整个奥运会收入中所占的比例没有超过25%，而且从近50 年门票收入的情况来看，在美国、澳大利亚等发达国家举办奥运会门票收入明显高于在其他地区举办奥运会的门票收入，这说明发达的市场经济、较高的消费水平，特别是众多的体育消费者、开放的旅游环境等对奥运会的门票收入都十分重要。

4. 来自市民和社会团体的无偿捐赠对奥运会的成功举办意义重大

奥运会筹备早期，捐赠资金可以用来作为筹备的经费，重要的是，市民或社会团体发自内心的捐赠，可以增加市民对奥林匹克运动的热爱，唤起市民参与奥运会的筹备和举办工作的积极性。另外，市民由于参与奥运会，会在奥运会举办之后留下珍贵的回忆，从而增加奥林匹克的遗产（见表 1 – 22）。

表 1 – 22   东京和汉城奥运会捐赠收入

时间届次	收入（百万美元）	占收入的百分比（%）
1964 年第十八届	7. 93	28. 71
1988 年第二十四届	353. 21 *	26. 56

资料来源：作者根据相关届次奥运会正式总结报告整理。

注：* 数据包括赞助和捐款。赞助活动将得到组委会的一定回报，但此处无法进行区分。

值得注意的是，在奥运会正式出版的总结报告中很难看到关于举办奥运会在捐赠方面的收入，分析其原因，有以下几个方面：

一是奥运会自身创收能力的大幅度提高，使得捐助的收入相对较少，没有必要在财务方面单独列出。

二是奥运会自身创收能力提高，不需要单纯的没有任何回报的捐赠形式，北京 2008 奥运会就是如此，不需要北京市民一分钱。

三是奥运会举办城市和举办国家市民对奥运会以平常心看待，不愿意对这样的社会文化活动进行无偿的捐赠等，这种情况在西方发达国家举办奥运会时表现得更加突出。

1.3.3　近 50 年夏季奥运会的支出

奥运会的支出分为组织支出和工程支出两部分，工程支出又包括直接支出和间接支出两部分。在奥运会正式出版的总结报告中很难看到奥运会工程支出的全部内容，因此，根据 Ferran Brunet（1996）的研究，奥运会的支出情况见表 1 – 23。

表 1 - 23　　　　　　　　　　部分届次奥运会的支出　　　　　单位：千美元

支出	1964 年东京		1976 年蒙特利尔		1984 年洛杉矶		1988 年汉城		1992 年巴塞罗那	
	数额	占比(%)	数额	占比(%)	数额	占比(%)	数额	占比(%)	数额	占比(%)
组织支出	169 510	1.0	411 857	13	450 394	86.2	478 204	15.2	1 361 156	14.5
工程支出 直接支出	282 605	1.7	2 413 006	76	72 042	13.8	989 649	31.4	1 099 699	11.7
工程支出 间接支出	6 373 372	97.3	350 012	11.1	0	0	1 687 423	53.5	6 915 274	73.8
总支出	6 825 488	100	3 174 875	100	522 486	100	3 155 276	100	9 376 129	100

从 Ferran Brunet（1996）的研究可以看出：

第一，举办奥运会的支出数额巨大，无论是组织支出还是工程支出增加的速度都很快。

第二，组织支出的数额比工程支出的直接支出的数额小，工程支出的间接支出的数额比工程支出的直接支出的数额大。

第三，洛杉矶奥运会没有工程支出的间接支出，也就是对举办城市方面没有投资，这主要是由于政府对举办奥运会不支持，使得组委会没有条件进一步改善举办城市的环境。蒙特利尔奥运会在工程支出的直接支出方面比间接支出的数额大，主要原因在于修建了许多不切合实际的比赛场馆，这些场馆不仅在奥运会后不能很好地使用，而且在奥运会期间也不能很好地使用，造成了巨大的财务方面的浪费。

第四，表 1 - 23 中的数据与表 1 - 1 中的数据有较大出入，即使是表 1 - 1 中的举办奥运会的支出不包括工程支出中的间接支出，依然与表 1 - 17 中的数据有很大的不同。而事实上，研究中发现，获得举办奥运会收入的资料远比获得举办奥运会支出的资料容易得多，而获得举办奥运会在工程支出的间接支出方面的资料就更难，因为没有奥运会的举办者愿意坦承自己举办奥运会到底花了多少钱。

第五，关于如何看待奥运会的支出问题，需要说明的是，各个国家的具体情况不同，因此，很难说哪一届在支出方面做得更好。这是因为有两种考察支出的角度，一是，如果一味地控制奥运会的支出，只要缩减奥运会的相关工作甚至一些工程支出的直接支出就能够达到这个目的；二是，如果要借助奥运会扩大举办城市的经济影响，就需要增加奥运会的相关工作，扩大奥运会的工程支出，特别是对奥运会举办城市在基础设施方面的投入。

　　各个奥运会举办城市应该根据自己的实际需要，量力而行。在这里需要说明的是，下面的研究数据都是在没有计算奥运会工程支出的间接支出数据的情况下得出的。

1. 组织支出加大

　　在深入研究近 50 年奥运会支出之后，归纳组织支出加大的原因：除了前面提到的奥运会的规模扩大导致举办奥运会组织支出增加的因素以外，运动员、官员、记者和观众等对比赛要求的条件越来越高也是导致组织支出增加的重要原因，包括技术、安保、文化活动、奥运村运行、比赛和组织管理等多方面支出的增加。此外，举办奥运会支出的方面越来越多，各个方面支出的数额也在不断加大，增加了举办奥运会在财务方面的风险，这一点应该引起高度重视。

　　（1）技术方面的支出增加。

　　奥运会规模的扩大、电子信息设备的大量使用导致奥运会在技术方面的支出大幅度增加，见表 1 – 24。

表 1 – 24　　近 50 年部分届次夏季奥运会技术方面支出的百分比

时间届次	技术支出	奥运会总支出	技术支出占总支出的百分比（%）
1976 年第二十一届	15.9 百万美元	1 420 百万美元	1.12
1984 年第二十三届	17.876 百万美元	531.554 百万美元	3.36
1988 年第二十四届	31 135 百万韩元	568 391 百万韩元	5.48
1992 年第二十五届	24 791 百万比塞塔	195 236 百万比塞塔	12.7
1996 年第二十六届	218 983 千美元	1 721 018 千美元	12.72
2000 年第二十七届	386.4 百万澳元	2 015.70 百万澳元	19.17
2004 年第二十八届	338.8 百万欧元	1 967.8 百万欧元	17.2

　　资料来源：相关届次奥运会的正式总结报告。

　　技术方面的支出在 1972 年以前举办的奥运会中没有单独列出，而在之后举办的奥运会中，此方面的支出份额呈现明显的上升趋势，在奥运会组织支出中占重要的位置。

（2）安保方面的支出增加。

不同届次奥运会在安保方面的支出见表 1-25。从表 1-25 中可以看到，各届次奥运会在安保方面的支出占奥运会总支出的比例除汉城奥运会以外，均不是很高。奥运会是弘扬和平、进步的盛会，古奥运会就有奥运会期间的神圣休战条约，而且，各个国家的社会环境不同，用于安保方面的支出也不尽相同。根据体育比赛的场地，安保支出分为比赛场地的安保和比赛场地以外的安保支出。通常的安保支出多指体育比赛场地内的安保支出。

表 1-25　　近 50 年部分届次夏季奥运会安保方面支出的百分比

时间届次	安保支出	奥运会总支出	安保支出占总支出的百分比（%）
1956 年第十六届	7 000 英镑	2 060 000 英镑	0.34
1964 年第十八届	170 百万日元	26 534 百万日元	0.64
1976 年第二十一届	1.2 百万美元	1 420 万美元	0.08
1984 年第二十三届	35.313 百万美元	531.554 百万美元	6.64
1988 年第二十四届	50 147 百万韩元	568 391 百万韩元	8.82
1992 年第二十五届	4 671 百万比塞塔	195 236 百万比塞塔	2.34
1996 年第二十六届	32 743 千美元	1 721 018 千美元	1.9
2000 年第二十七届	41.5 百万澳元	2 015.70 百万澳元	2.06

资料来源：相关届次奥运会的正式总结报告。

以下事件值得我们深思：1972 年慕尼黑奥运会上发生了巴勒斯坦恐怖分子制造的恐怖袭击事件，但组委会的正式总结报告中却没有这方面的支出；1996 年亚特兰大奥运会发生了奥林匹克公园爆炸事件，从出版的正式总结报告中看到安保方面的支出仅占全部支出的 1.9%，所占比例不高；有多方报道，2004 年雅典奥运会在安保方面投入 15 亿美元，但是，在正式出版的总结报告中却没有这方面的资料数据，这 15 亿美元的安保支出应该包括比赛场馆内的安保支出和比赛场馆外的安保支出。事实上，安保方面对于奥运会的成功举办至关重要，仅凭借组委会的力量是远远不够的，必须有政府的大力参与，这其中将会有数额巨大的隐性支出无法进行计算。北京 2008 奥运会在申办报告中安保方面只有 5 000 万美元的支出，现在，奥运会比赛场馆内的安保方面的支出已提高到 3 亿美元。

（3）文化活动（开闭幕式）方面的支出增加。

不同届次奥运会在文化活动方面（包括举办奥运会开闭幕式）的支出见表 1－26。从表 1－26 中可以看到，文化活动方面的支出增加幅度明显，说明奥运会的组织者非常重视开展奥运会的文化活动，宣传奥林匹克文化，这与国际奥委会通过举办奥运会宣传奥林匹克文化的宗旨是一致的，特别是通过奥运会开闭幕式的演出来弘扬奥运会举办国家的文化，提升奥运会举办国家在世界上的形象。这方面的支出上升速度很快，有人甚至认为，奥运会开闭幕式的成功等于奥运会成功了一半，而有些届次的奥运会则单独将开闭幕式的支出在财务报告中单独列出。

表 1－26　　　　　　近 50 年部分届次夏季奥运会文化活动
（包括开闭幕式）方面的支出

时间届次	文化活动支出	奥运会总支出	文化活动支出占总支出的百分比（%）
1964 年第十八届	178 百万日元	26 534 百万日元	0.67
1976 年第二十一届	7.6 百万美元	1 420 百万美元	0.54
1984 年第二十三届	16.633 百万美元	531.554 百万美元	3.13
1988 年第二十四届	32 487 百万韩元	568 391 百万韩元	5.72
1992 年第二十五届	9 053 百万比塞塔	195 236 百万比塞塔	4.64
1996 年第二十六届	26 647 千美元	1 721 018 千美元	1.55
2000 年第二十七届	107.1 百万澳元	2 015.70 百万澳元	5.31
2004 年第二十八届	133.4 百万欧元	1 967.8 百万欧元	6.8

资料来源：相关届次奥运会的正式总结报告。

2000 年悉尼奥运会的文化活动支出包括奥运会的形象设计、奥林匹克艺术节、特殊活动和奥运会的开闭幕式等方面的支出。

（4）奥运村运行方面的支出增加。

奥运村运行方面的支出见表1-27。由于奥运会参赛运动员人数的增加，特别是女运动员人数的快速增加，势必导致奥运村规模的扩大，加之近年来计算机、互联网、通讯设备、空调设备、冰箱等电子产品的大量、广泛的使用，各方面人士对清洁、环保、公共卫生越来越重视，使得奥运村的运行费用呈现上升的趋势。

表1-27　近50年部分届次夏季奥运会奥运村运行方面的支出

时间届次	奥运村运行支出	奥运会总支出	奥运村运行支出占总支出的百分比（%）
1964 年第十八届	967 百万日元	26 534 百万日元	3.65
1976 年第二十一届	15.4 百万美元	1 420 百万美元	1.08
1984 年第二十三届	26.113 百万美元	531.554 百万美元	4.91
1988 年第二十四届	30 931 百万韩元	568 391 百万韩元	5.44
1992 年第二十五届	15 849 百万比塞塔	195 236 百万比塞塔	8.12
1996 年第二十六届	109 784 千美元	1 721 018 千美元	6.38
2000 年第二十七届	151.4 百万澳元	2 015.70 百万澳元	7.51

资料来源：相关届次奥运会的正式总结报告。

（5）比赛方面的支出增加。

奥运会在组织比赛方面的支出见表1-28。从表1-28中可以看到，各个国家举办奥运会在此方面的支出不尽相同，但近20年奥运会在组织竞赛方面的支出有上升的趋势，1993年巴塞罗那奥运会在比赛方面的支出占总支出的7.19%，2000年悉尼奥运会在此方面的支出占总支出的6.61%，这说明比赛是奥运会最重要的组成部分，只有高水平的比赛才能吸引更多的观众（现场观众和电视观众）来观看比赛，只有高水平的比赛才能体现出奥运会的高水平和生命力。

表 1 - 28   近 50 年部分届次夏季奥运会比赛方面支出的百分比

时间届次	比赛支出	奥运会总支出	比赛支出占总支出的百分比（%）
1956 年第十六届	76 000 英镑	2 060 000 英镑	3.69
1976 年第二十一届	15.5 百万美元	1 420 百万美元	1.09
1988 年第二十四届	26 053 百万韩元	568 391 百万韩元	4.58
1992 年第二十五届	14 045 百万比塞塔	195 236 百万比塞塔	7.19
1996 年第二十六届	48 460 千美元	1 721 018 千美元	2.82
2000 年第二十七届	133.3 百万澳元	2 015.70 百万澳元	6.61

资料来源：相关届次奥运会的正式总结报告。

（6）组织管理方面的支出增加。

组织管理方面的支出是奥运会筹备、举办过程中的重要支出，包括行政管理、人员管理、财务管理和工资等方面的支出，表 1 - 29 是近 50 年夏季奥运会组织管理方面的支出。

表 1 - 29   近 50 年部分届次夏季奥运会组织管理方面支出的百分比

时间届次	组织管理支出	奥运会总支出	组织管理支出占总支出的百分比（%）
1956 年第十六届	394 000 英镑	2 060 000 英镑	19.13
1964 年第十八届	2 066 百万日元	26 534 百万日元	7.79
1976 年第二十一届	28.9 百万美元	1 420 百万美元	2.04
1984 年第二十三届	99.18 百万美元	531.554 百万美元	18.66
1988 年第二十四届	69 495 百万韩元	568 391 百万韩元	12.23
1992 年第二十五届	22 915 百万比塞塔	195 236 百万比塞塔	11.74
1996 年第二十六届	177 082 千美元	1 721 018 千美元	10.29
2000 年第二十七届	100.5 百万澳元	2 015.70 百万澳元	4.99
2004 年第二十八届	101.4 百万欧元	1 967.8 百万欧元	5.2

资料来源：相关届次奥运会的正式总结报告。

1956 年墨尔本奥运会组织支出包括工资、办公花费、电话、灯、电、租房、清洁办公室和体育场及其他方面等。

1992 年巴塞罗那奥运会组织支出包括行政管理、财务管理、物资材料后勤、办公自动化、文件管理、人力资源管理、组织和一般服务等。

1996 年亚特兰大奥运会的组织支出包括行政管理、运行管理、场馆管理、运动会服务管理、人力资源管理、财务和管理服务等。

从表 1–29 中发现，用于奥运会组织管理方面的支出一直在总支出中所占的比例较大，这是因为奥运会组织工作的长期性、复杂性导致的，特别是在人力资源管理、财务管理等方面。由于奥运会总支出一直在增加，即使奥运会用于组织管理方面的支出占总支出的比例不变或稍有降低，但支出的总额还是在增加。

2. 工程支出的直接支出数额居高不下

近 50 年奥运会在工程支出的直接支出方面的数据见表 1–30。

表 1–30　　　　　近 50 年部分届次夏季奥运会工程支出的
直接支出方面的百分比

时间届次	工程支出的直接支出	奥运会总支出	工程支出的直接支出占总支出的百分比（%）
1956 年第十六届	972 000 英镑	2 060 000 英镑	47.18
1964 年第十八届	16 588 百万日元	26 534 百万日元	62.51
1976 年第二十一届	1 219.2 百万美元	1 420 百万美元	85.86
1980 年第二十二届	613.7 百万卢布	862.7 百万卢布	71.14
1984 年第二十三届	97.389 百万美元	531.554 百万美元	18.32
1988 年第二十四届	237 795 百万韩元	568 391 百万韩元	41.84
1992 年第二十五届	45 866 百万比塞塔	195 236 百万比塞塔	23.49
1996 年第二十六届	494 239 千美元	1 721 018 千美元	28.72
2000 年第二十七届	373.5 百万澳元	2 015.70 百万澳元	18.53
2004 年第二十八届	190.2 百万欧元	1 967.8 百万欧元	9.7

资料来源：相关届次奥运会的正式总结报告。

　　1956 年墨尔本奥运会工程支出的直接支出包括建设奥运村住房、公共饮食、小卖部的花费和露天大型体育场的建设方面的花费。

　　1976 年蒙特利尔奥运会工程支出的直接支出包括奥林匹克公园、奥运村建设、装修花费，蒙特利尔市承担的相关工程及装修花费和奥运会组委会在新建、改扩建等方面的花费，工程的直接支出数额巨大。

　　1980 年莫斯科奥运会的工程支出的直接支出包括建设和刷新在莫斯科的体育设施，建设和刷新在 Tallinn 的体育设施，刷新在列宁格勒、基铺和明斯克的体育设施和建设奥林匹克电视和无线电联合体（OTRC）。

　　从表 1－30 中可以发现，近 50 年夏季奥运会用于比赛场馆、奥运村、新闻村等举办奥运会必不可少的建设方面的支出依然十分巨大。即使是由于社会发展改进了举办城市的体育设施，但举办其他大型体育赛事的规模都没有奥运会的规模大，也不需要建设奥运村、新闻村之类的设施，这就带来了以下一些问题：

　　一是奥运会举办城市在申办奥运会时是否具有举办奥运会的能力，如果现在的奥运会举办城市在体育场馆方面大兴土木，说明其申办时不具有举办奥运会的条件，那么，为什么所有奥运会的举办城市都用巨资新建奥运会的体育设施？如果现在的举办城市不具有举办奥运会的条件，那么，哪一个城市具备举办奥运的条件？

　　二是大量新建、改扩建的体育设施在奥运会后如何使用：

　　第一，要明确的是，奥运会举办之后出现体育设施闲置的现象是正常现象，在观念上要接受这种事实。不能在还没有举办奥运会时就过多强调赛后利用问题，应该是在满足基本奥运会各项目比赛条件的基础上考虑赛后体育场馆的利用问题。

　　第二，要在体育场馆建设等方面履行奥运会申办城市的举办合同，不能由于各种原因，将奥运会举办合同中的规定加以随意更改，造成负面影响。可能建筑造价降低，但重新设计方面的费用将会增加，以及由于更改工程将会造成负面的国际影响。

　　第三，大量体育设施赛后使用的关键是要在市场经济的体制下，不间断地培养体育消费群体，特别是对青少年群体和有良好经济收入的群体。要有组织、有计划地培育体育消费群体。

　　从表 1－30 中还可以计算出举办各届次奥运会的组织支出，即奥运会的总支出减去奥运会工程支出的直接支出。

第2章

奥运会财务状况变化的原因分析

举办奥运会需要投入巨额的资金，只有这样才能保证奥运会的顺利进行，但需要注意的是，只有通过举办奥运会获得的大量收入，才能保证奥运会的可持续发展。这其中涉及两方面的内容：一是奥运会的影响在不断地扩大，而奥运会规模的扩大是影响扩大的前提，这既增加了举办奥运会的收入，也让奥运会的组织者在奥运会的筹备过程中不敢掉以轻心，而需投入巨资；二是只有不断地加强奥林匹克知识产权保护，才能保证奥运会的组织者获得良好的经济收入。

2.1
奥运会规模的扩大

影响奥运会财务状况的因素很多，但举办奥运会获得收入和所需支出大幅度增加的最主要原因在于奥运会的规模在不断地扩大，也就是说，奥运会规模的扩大是奥运会财务状况变化的最根本原因。具体表现在：

2.1.1 参加夏季奥运会的国家或地区数量的增加

有学者认为全球化是"去国家化"，或"去地域化"、"非领土化"、"超地域关系的增长"等的过程，这些说法虽然反映了全球化的一些特点，但这并不说明国家在全球化进程中扮演被淘汰的角色。相反，国家在全球化的进程中，一直扮演着极为重要的角色，是推动全球化进程的重要力量。① 这从现代奥运会参赛国家数量增加的变化中可以清楚地看到这一点。

1896 年的第一届夏季奥运会只有希腊、英国、美国、法国和德国等 13 个国家参加；1980 年参加莫斯科奥运会的国家和地区的数量有 80 个；1996 年，有 197 个国家和地区参加了亚特兰大奥运会；到 2004 雅典奥运会，有 201 个国家和地区参加比赛，也就是说全部国际奥委会的成员国都参加了奥运会。图 2-1 是近 50 年夏季奥运会参加国家和地区数量的变化。

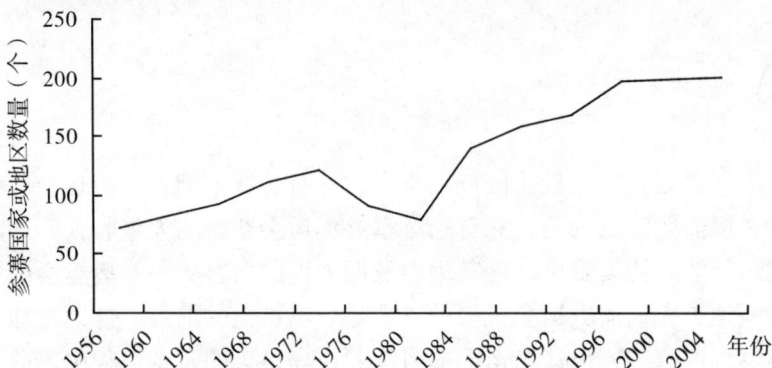

图 2-1 近 50 年夏季奥运会参赛国家和地区数量变化

资料来源：作者根据"www. olympic. org, 2006. 9. 21；《北京奥运会工作人员读本》（2006）"等资料整理。

2.1.2 夏季奥运会参赛运动员人数的增加，特别需要注意的是，女运动员数量增加的速度很快

1896 年第 1 届奥运会参赛的运动员只有 295 人，到第 2 届时就突破了 1 000 人，1908 年突破了 2 000 人，1952 年突破了 5 000 人，而到了 1996 年亚特兰大奥运会，这个数字突破了 10 000 人。

参加奥运会的国家和地区数量的不断增加，使得参加奥运会的运动员数量不断增加，近年来，虽然国际奥委会表示要将参赛运动员人数控制在 10 000 人左右，但直到现在，参加奥运会运动员的数量仍在增加，图 2-2

① 罗兰·罗伯森：《全球化——社会理论和全球文化》，上海人民出版社 2000 年版。

是近 50 年奥运会参赛运动员数量的变化，在刚刚结束的雅典奥运会上，参赛运动员人数约为 10 500 人，与悉尼奥运会运动员参赛人数基本持平。

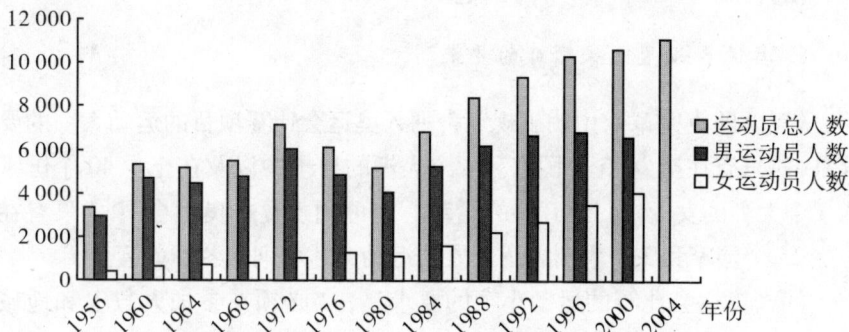

图 2 - 2　近 50 年夏季奥运会参赛运动员数量变化

资料来源：作者根据"www.olympic.org，2006.9.21；《北京奥运会工作人员读本》（2006）"等资料整理。

　　列举这些数字是要说明，奥运会的规模正在扩大，现在到了需要通过限制运动员人数来控制的水平。但不能不承认，奥运会之所以在过去的 100 多年里得以延续、壮大和发展，很重要的一个原因就是奥运会的竞技水平不断提高，这种竞技水平的提高，有赖于全世界最优秀的运动员的参与，这些运动员是从世界锦标赛、世界杯、奥运会预选赛以及各国奥运会选拔赛等重要比赛中选拔产生的，从而吸引越来越多的观众关注奥运会，关注奥运会赛场上的诸多明星。

　　作为全球规模最大的体育比赛，奥运会的运动水平在全球也是屈指可数的，奥林匹克全球合作伙伴——可口可乐公司总裁、首席执行官道格拉斯·N·达夫特说："从全球参加体制的建立到稳定的财政制度，给世界上成绩卓著的运动员提供平等参赛的机会，不论他们是什么种族、什么阶层和经济状况如何……"一个国家，或几个国家，甚至几十个国家是不可能有如此众多的高水平运动员的，因此，从运动员参加奥运会的过程看现代奥运会发展的历史，本身就是全球化的过程。

　　需要特别注意的是，参加奥运会比赛的女运动员数量增加相当快，1980 年只有 1 124 人，到 2000 年悉尼奥运会女运动员达到 4 069 人，占所有参赛运动员人数的 38.2%，这与国际奥委会注重在奥运会设项方面男女平等的主导思想有关，这也促进了奥运会的全球化。

2.1.3 奥运会比赛项目设置的增加

1. 奥运会设置比赛项目的要求

《奥林匹克宪章》中明确规定，列入奥运会比赛项目的运动大项的要求是，"只有在至少 75 个国家和 4 个大洲的男子中以及在至少 40 个国家和 3 个大洲的女子中广泛开展的运动，才可列入夏季奥运会"；"只有在至少 25 个国家和 3 个大洲广泛开展的运动，才可列入冬季奥运会。"

列入奥运会比赛的运动小项的要求是，"必须在参加人数上和地域范围上具有公认的国际地位，而且至少两次被列入世界锦标赛或洲际锦标赛"。"只有在至少 50 个国家和 3 个大洲的男子中以及在至少 35 个国家和 3 个大洲的女子中开展的运动小项，才可列入奥运会比赛项目"。

目前，如果某项运动想成为奥运会的正式比赛项目，在增设男子项目的同时还必须增设女子项目。

2. 奥运会比赛项目数量的变化

1896 年举行的奥运会只有田径、举重、射击、自行车、古典式摔跤（当时称希腊—罗马式）、体操、击剑和网球等 9 个比赛大项，43 个比赛小项。1956 年墨尔本奥运会有 16 个大项，151 个小项的比赛。2000 年悉尼奥运会和 2004 年雅典奥运会的比赛大项都是 28 个，小项分别是 300 个和 301 个。图 2 - 3 是近 20 年夏季奥运会比赛大项、小项的数量变化。

2.1.4 参加奥运会报道的媒体记者数量的增加，特别是电视媒体记者数量的增加

在国际上，随着奥运会在政治、经济、文化、教育等方面影响的日益增大，参与奥运会报道的新闻记者的数量也越来越多，近 20 年，奥运会的报道无论是文字记者还是电视记者的数量都在快速增加，尤其是作为主流媒体——电视的记者数量。1980 年莫斯科奥运会的新闻记者为 5 615 人，其中文字记者为 2 685 人，电视记者为 2 930 人；1992 年

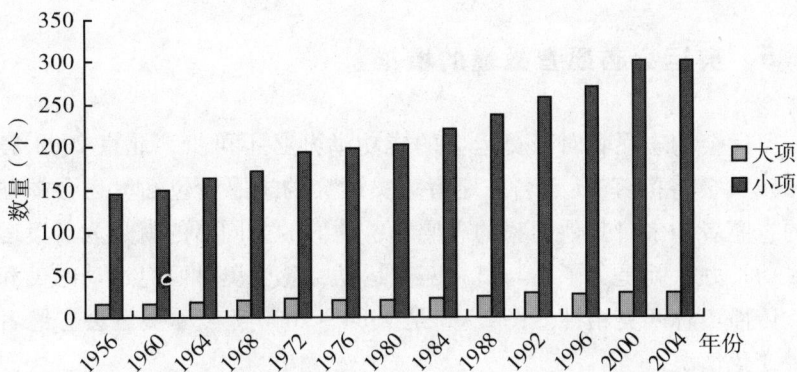

图 2－3　近 50 年夏季奥运会比赛项目设置数量变化

资料来源：作者根据"www. olympic. org, 2006. 9. 21；《北京奥运会工作人员读本》（2006）"等资料整理。

巴塞罗那奥运会电视记者达到 7 951 人，文字记者为 5 131 人；2000 年悉尼奥运会记者总数达到创纪录的 16 033 人，电视记者也首次突破了万人大关，达到 10 735 人（见图 2－4）。这些来自世界各个国家的记者将奥运会的方方面面以最快的速度传递到世界的每一个角落，推动了奥林匹克运动和奥运会的全球化。

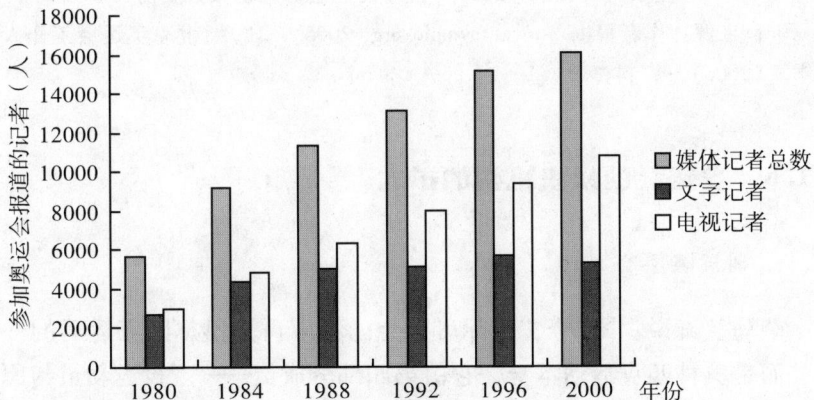

图 2－4　1980～2000 年参加报道夏季奥运会的记者数量变化

资料来源：作者根据"www. olympic. org, 2006. 9. 21；《北京奥运会工作人员读本》（2006）"等资料整理。

39

2.1.5　奥运会志愿者数量的增加

　　奥运会的志愿者对于奥运会的成功举办必不可少，北京 2008 奥运会和残奥会将招募 10 万名志愿者。奥运会的志愿者包括奥运会举办国家的志愿者和来自其他国家的志愿者，他们的共同目的就是为了奥运会的成功举办，就是为了参与奥林匹克运动，感受奥林匹克运动的美和尊严，传播奥林匹克精神。图 2 - 5 是 1984 ~ 2000 年夏季奥运会志愿者的数量变化情况。

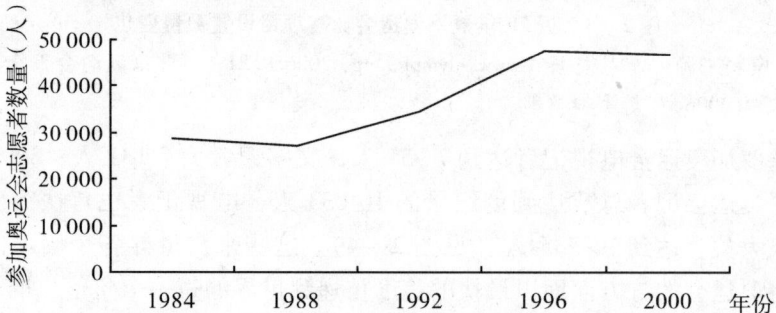

图 2 - 5　1984 ~ 2000 年夏季奥运会志愿者人数变化

　　资料来源：作者根据"www. olympic. org, 2006. 9. 21；《北京奥运会工作人员读本》（2006）"资料整理。

2.1.6　奥运会的组织机构的扩大

1. 国际奥委会

　　萨马兰奇说："如今，国际奥委会已经不再是奥林匹克运动的一部分，而是奥林匹克运动本身，它由第四部分成员——现役运动员与原来三部分成员（国际奥委会、国际单项体育联合会和各国奥委会）构成。"

　　（1）国际奥委会的职能。

　　国际奥委会是奥林匹克运动和奥运会的领导者、组织者和管理者，是奥林匹克运动的最高权力机构。《奥林匹克宪章》中对国际奥委会的职能规定有 15 条，其中包括："鼓励体育运动和体育竞赛的协调、组织和发展，与国际和国家体育机构合作，落实旨在加强奥林匹克团结的措施；与官方的或民间的体育运动主管组织和当局合作，努力使体育运动为人类服务；通过适当手段推动妇女在一切级别、一切机构中参与体育运动，特别是加入国家和国际体育组织的执行机构，以实现男女平等的原则；鼓励发展大众体育。大众体育是高水平体育的基础，而高水平体育又有助于推动大众体育的发展"，等等。

（2）国际奥委会委员。

国际奥委会委员具有代表性。国际奥委会委员参加国家奥委会的工作，是国际奥委会派往各个国家的代表，委员被分派在各个委员会里。国际奥委会委员都是自然人。这些委员来自在役运动员以及国际单项体育联合会和国际奥委会主席或其高级领导人。国际奥委会委员的总数不得超过 115 名，这些委员包括 15 名运动员、15 名国际单项体育联合会主席、15 名国家奥委会委员和 70 名以个人名义产生的委员。任职 10 年的委员，退休后经执委会提名可以成为名誉委员。根据国际奥委会现行规则的附则，从其认为合格的人士中吸取和选举委员。萨马兰奇说："现在有 12 名现役运动员加入到国际奥委会，他们是通过民主选举，由运动员们自己在奥运村里选出的，代表着五大洲几百万年轻运动员。""吸收一些重要的国际单项体育联合会主席、国家奥委会主席和现役运动员进入国际奥委会。这样，我们就实现了真正的团结。"

1894 年国际奥委会成立时只有 15 名委员，到 1914 年为 49 名，1974 年 78 名，1992 年 94 名，分布于 74 个国家或地区，其中非洲 17 位、亚洲 15 位，美洲 20 位，欧洲 38 位，大洋洲 4 位。从国际奥委会成立至 1992 年前后共有 391 名委员。由于还有一些有关退休的规定，到 2000 年国际奥委会有正式委员 127 人，有名誉主席 1 人，名誉委员 20 人。

2. 国际单项体育联合会

国际单项体育联合会作为国际奥委会重要的合作者，直接参与奥运会各个比赛项目的筹备和举办，对各个项目从比赛场地、规则到裁判等具体工作都有明确的要求。重要的是，每一个被国际奥委会承认的国际单项体育组织在全世界范围内都有数量众多的会员国（见表 2－1）。这些国际单项体育组织各自组织比赛的同时，也选拔运动员参加奥运会的比赛，国际奥委会从电视转播权的收入中按照一定的比例分配给这些国际单项体育联合会，促进国际体育组织的发展。

表2-1　　　　部分国际单项体育联合会会员国数量变化

名　　称	成立年份	成立时会员国数量（个）	1995年会员国数量（个）	2001年会员国数量（个）
国际体操联合会	1881	17	101	101
国际足联	1904	7	168	203
国际业余田径联合会	1912	34	186	210
国际篮联	1932	8	176	208

资料来源：作者根据相关资料整理。

目前，有28个国际单项体育联合会参与夏季奥运会的比赛，如国际业余田径联合会、国际足球联合会、国际体操联合会等。从表2-1中可以看出，所列的4个国际单项体育联合会会员国的数量随着时间的发展都呈现出逐渐增加的趋势，而其他国际单项体育联合会会员国数量也呈现出这样的趋势。

3. 国家或地区奥委会

在奥运会和受国际奥委会赞助的大型运动会中，国家奥委会唯一有权代表各自国家，此外，国家奥委会有义务选派运动员参加奥运会，国家奥委会也有权确定本国的某个城市申办奥运会。因此，只有国家或地区奥委会的积极参与，奥运会才能够顺利举办。1988年在汉城奥运会上，国际奥委会承认的167个国家和地区有159个参赛，1992年巴塞罗那奥运会承认的172个国家和地区有169个参赛，在之后举行的3届夏季奥运会中被国际奥委会承认的国家和地区则全部参赛。

2.1.7　奥运会观众数量的增加

1. 奥运会门票销售的数量

从奥运会门票销售的数量多少能够看出奥运会比赛现场观众的多

少。能够在奥运会比赛现场亲身感受奥运会比赛，对于许多人来说已经不再是奢望，这从现代奥运会比赛门票销售数量的快速增长中可以明显地看出（见表 2-2）。这些现场观众不仅有数量众多的本国观众，还有数量众多的外国观众。2000 年悉尼奥运会发售门票 960 万张，其中在国内发售的门票超过 500 万张，其余的门票发售给了外国观众。2004年雅典奥运会组委会预计发售门票 500 万张，由于受"9·11"恐怖袭击的影响，国外观众数量有所下降，但门票发售仍达到 300 万张左右。

表 2-2　　　　　　　　部分届次奥运会门票销售数量　　　　　　单位：万张

奥运会	雅典 1896 年	墨尔本 1956 年	亚特兰大 1996 年	悉尼 2000 年
门票数	6	134	1 100	960

资料来源：任海主编：《奥林匹克运动百科全书》，中国大百科全书出版社 2000 年版。

2. 奥运会电视观众的数量

事实上，绝大多数人是通过电视经历奥运会的（见表 2-3）。萨马兰奇说："我总是主张奥运会应更广泛、更开放地展示于世人面前，而不需要观众付一分钱，他们有权利享受世界体育竞技所带来的快乐。这也正是奥林匹克精神的最高荣耀，它与世界锦标赛的区别在于，奥林匹克运动更具有普遍性，五环旗正是奥林匹克主义价值的象征。"

表 2-3　　　　　　　近 3 届夏季奥运会电视观众的数量　　　　　　单位：亿人

奥运会	全球人口（约）	潜在的不重复的观众	奥运会电视观众
1996 年亚特兰大	60	35	32
2000 年悉尼	60	39	37
2004 年雅典	60	40	39

资料来源：www.olympic.org（2001，2005）。

在 2000 年悉尼奥运会上，全球共有电视观众 39 亿人，其中有 37 亿人观看了奥运会，其中亚洲的电视观众数量最多，为 2 180 334 578 人，其次是欧洲，为 652 528 723 人，其余各大洲的电视观众数量也非常巨大。奥运会作为全球规模最大的体育盛会，不仅能够让来自不同国家的数百万人在奥运会比赛的现场亲身经历奥运会盛大的场面，同时，信息技术的高速发展，出现了即刻可知的情况，通过电视、因特网和其他传媒，能使全球各地立刻得到其他地方的任何事件的记录，使人产生近距离的感觉，近到让人认为事件就发生在自己周围。全世界有39亿人在电视中不同程度地观看了2004年雅典奥运会，同样也经历了奥运会盛大的场景。这种情况的发生，正像安东尼·吉登斯所说的，使在场和缺场纠缠在一起，让远距离的社会事件和社会关系与地方性的场景交织在一起。

2.1.8 奥运会举办地点的分布扩大

《奥林匹克宪章》中明确指出，奥林匹克运动的象征是五个连环，奥林匹克运动的活动是全球性的、持续的。其最高层次的活动是使世界上的运动员在奥林匹克运动会这一盛大的体育节日上相聚一堂。

现代奥运会与古代奥运会的一个重要区别就是，古代奥运会是在希腊一个国家举办，现代奥运会则对所有的国家开放，在世界各地轮流举办。尽管希腊政府在现代奥运会复兴的时候就希望奥运会还能够在希腊一个国家举办，而且希腊的努力可以说一直也没有放弃，无论是在20世纪70年代基拉宁任国际奥委会主席时，还是在20世纪90年代萨马兰奇任国际奥委会主席时，希腊一直都希望能够成为奥运会的永久举办地。但现代奥运会发展的历史证明，奥运会举办地点的全球化进程是明显的，这从夏季奥运会和冬季奥运会举办地点的分布中可以清楚地看出（见表2-4）。

表2-4 　　　　　　　 1896~2004年夏季奥运会举办地点

奥运会举办地所在洲	举办奥运会国家数（个）	奥运会举办城市数（个）	奥运会举办次数（次）
欧　洲	11	12	15
北美洲	3	5	6
大洋洲	1	2	2
亚　洲	2	2	2
总　计	17	21	25

注：因第一次世界大战和第二次世界大战停办的3届奥运会没有计算在内。

从表 2 – 4 中看到，奥运会正在不同的大洲和不同的国家，以及不同的城市举办，而且，近 50 年奥运会举办地点正在加快其扩散的过程。2005 年初，国际奥委会主席罗格在非洲考察时督促非洲国家申办 2016 年奥运会，事实上，南非的开普敦和埃及首都开罗先后申办过 2004 年和 2008 年奥运会，罗格在参加肯尼亚奥委会大楼落成典礼时，肯尼亚明确表示要申办 2016 年夏季奥运会。如果非洲国家能够获得 2016 年奥运会的举办权，奥运会将"登陆"到一个新的大洲，而 2010 年世界杯赛在南非举办将增加奥运会登陆非洲大陆的可能性。

这正像国际奥委会名誉主席萨马兰奇说的那样："奥林匹克运动是全世界的，所有的国家都有权举办它。奥林匹克运动的伟大而光荣之处就在于它的普遍性。"

奥运会规模的增大，说明奥林匹克运动的蓬勃发展，而奥运会规模大，产生的社会影响也大，易于通过举办奥运会产生良好的社会影响和经济效益，增加经济收入。同时，奥运会规模的不断扩大，势必增加奥运会的开支，用以满足举办奥运会的需要。

2.2
奥林匹克知识产权保护的要义

奥林匹克知识产权保护对于奥林匹克运动的发展有重要意义。表面上看，奥林匹克知识产权保护的意义在于为奥林匹克运动的发展和成功举办奥运会在经济上获得更多的收入，但事实上，奥林匹克知识产权保护的真正意义在于通过弘扬奥林匹克精神，促进奥林匹克运动的发展，促进奥林匹克运动的全球化。

2.2.1　奥林匹克知识产权保护有章可循，有法可依

1991 年和 2000 年颁布的《奥林匹克宪章》第 11 ~ 18 条规则及其附则中都对奥林匹克知识产权保护有明确的说明，这些具体的规定是进行奥林匹克知识产权保护的出发点。2001 年中国获得 2008 年奥运会举办权之后，北京市市长刘淇签发了《北京市奥林匹克知识产权保护规定》，并于同年 11 月 1 日开始实施；2002 年 2 月，国务院总理朱镕基

签发了《奥林匹克标志保护条例》，并于同年4月1日实行。这些规定一方面足以说明奥林匹克知识产权保护的重要意义，另一方面确立了奥林匹克知识产权保护的法律地位。保护奥林匹克知识产权对于在入世后提高我国市民的法律保护意识和北京成功举办2008年奥运会，以及推动奥林匹克运动的健康发展有重要的现实意义和深远的历史意义。

2.2.2 保障奥林匹克标志权利人的合法权益，增加举办奥运会的经济收入

在北京市和国务院颁发的两个规定中，对奥林匹克标志所包括的具体内容都有明确的规定。《奥林匹克标志保护条例》中所指的奥林匹克标志权利人不仅包括国际奥林匹克委员会、中国奥林匹克委员会和奥运会组委会，还应包括付费有偿使用奥林匹克标志的赞助商、供应商和经销商等企业和个人。

由于奥运会规模巨大，举办奥运会需要巨额资金，而奥林匹克知识产权是国际奥委会的无形资产，知识产权保护工作做得好坏，直接决定着国际奥委会和奥运会组委会的经济收入，同时也决定着赞助商的数量、赞助金额和赞助商自身的经济利益，等等。因此，为了增加国际奥委会和奥运会组委会的经济收入，任何以盈利为目的而使用奥林匹克标志的商业行为或潜在的商业行为都是有偿的，而且存在一定的时间和地域限制以及特定的产品限制，即产品具有排他性，一种产品成为一个级别的赞助商或供应商之后，其他公司的同一种产品不能成为同一级别的赞助商或供应商。这样做的目的有以下两个方面：

（1）限制赞助商的数量，提高成为奥运会赞助商的"门槛"，保障国际奥委会和奥运会组委会的经济收入，办好奥运会。例如，参加2002年盐湖城冬奥会的地方赞助商为53家公司，经销商为69家公司，总共为122家公司，这个数目比1980年在美国普来西德湖（Lake Placid）举办的第13届冬奥会地方赞助商的数量少178家，经销商少96家，但收入却上涨8.33亿美元。

（2）保护以奥林匹克标志为代表的知识产权，杜绝"免费"使用奥林匹克标志的现象，可以使更多的公司愿意成为奥运会的赞助商和供应商，使赞助商在一定的时间和地域内具有相对较大的市场，实现其通

过资助奥运会这种社会文化活动提升其产品品牌、公司信誉，促进其自身经济发展的目的。

2.2.3 有效控制奥林匹克运动的商业化，保证奥运会的健康发展

奥运会是全世界瞩目的规模最大的社会文化活动，而国际奥委会的奥林匹克标志是全球认可度最高的标志之一，保护与奥运会有关的一切标志，限制各种标志的使用，根本目的在于维护奥林匹克运动的健康发展，避免出现奥运会过于商业化而使奥林匹克运动背离奥林匹克理想的情况。

《奥林匹克宪章》中规定："国际奥委会的职能之一就是反对将体育运动和运动员滥用于任何政治或商业目的。""举办奥林匹克运动会的全部收益必须用于发展奥林匹克运动和体育运动。"1984 年美国洛杉矶奥运会由于没有得到美国各级政府的支持，完全采用民间商业集资的方式进行运作，尽管奥运会取得了极大的成功，奥运会之后还有超过 2 亿美元的盈余，但在奥运会后却遭到了来自关心奥林匹克运动发展的各方面人士的广泛批评，主要理由就是奥运会过于商业化。1996 年亚特兰大奥运会同样遭到过于商业化的批评，而且由于市场监管不力，使一些没有参与营销计划的商家也通过使用奥林匹克标志在奥运会中获得了利益，从而使赞助商和经销商的经济利益受到影响。

由于大幅度限制了赞助商的数量，使得国际奥委会和奥委会组委会对整个奥林匹克营销便于监管，这样做一方面保护了国际奥委会、奥运会组委会和赞助商等的利益，另一方面也使得出于盈利目的的各种商业活动受到有效控制，既保护了奥林匹克知识产权，又避免了与奥运会有关的各种商业活动出现无序状态。

2.2.4 北京保护奥林匹克知识产权的措施

北京要办一届奥运史上最成功的奥运会，保护奥林匹克知识产权工作的成败意义重大，可以采取以下具体措施：

（1）各级政府部门要率先垂范，加强关于两个文件的学习，成为

奥林匹克知识产权保护工作的内行。政府部门对奥林匹克标志保护意识提高了，就能对各种违规现象进行监管和纠正。

（2）政府的有关部门应该联合行动，各有侧重，发挥各部门分管工作的优势，把工作做细、做实。

（3）通过各种传媒，发挥现代媒体的巨大穿透力，积极宣传奥林匹克知识产权保护条例，阐述保护工作的重要意义。

（4）组织有关专家进行专题讲座和咨询，扶植民族企业成为奥运会的赞助商和供应商。

（5）对北京市的各级政府和企事业单位，让其对照两个文件进行自查，自查的过程也是学习和提高的过程，通过学习提高认识，从而达到自觉维护奥林匹克标志的目的。

（6）有计划地在高等学校开设有关知识产权保护方面的课程，让这门课程成为高校学生的基础课。"十年树木，百年树人"，从长远着眼，提高国民的法律意识。

（7）奥运会在北京举办，也是在中国举办，保护奥林匹克知识产权不仅要在北京进行，而且国内其他地方要与北京同步进行各种宣传教育活动，维护奥林匹克标志的尊严，维护法律的尊严。

（8）对屡禁不止的、出于盈利目的、有意的商业活动必须严厉打击，加大处罚力度，必要的情况下应该送司法机关处理。保护奥林匹克知识产权是一个长期的过程，要长抓不懈，在中国加入 WTO 之后，利用举办奥运会的历史契机，通过加强对奥林匹克知识产权的保护，提高国民整个知识产权保护的意识和法律意识，让北京 2008 奥运会为中国造福，并推动整个奥林匹克运动的健康发展。

第 **3** 章

1964 年东京奥运会财务状况的研究

　　财务问题一直是困扰现代奥运会发展的重要问题之一，历届奥运会都不例外。1959 年 9 月 30 日，第 18 届奥运会组委会成立面临的第一个问题就是奥运会的整个预算及其所承担的巨大的财务方面的筹资要求。1960 年 4 月 28 日，东京奥运会组委会成立了专门的财务计划委员会，可见东京奥运会组委会对财务方面的重视。

　　1960 年 7 月，东京奥运会组委会在最初的预算中只列出了 8 800 百万日元的收入和支出。在组委会对各种要求进行了进一步的专门分析之后，对预算进行了一系列的修正，最后的数额达到 9 946 百万日元。[①]

3.1

东京奥运会收入的来源及分析

　　组委会用来筹集资金的原则是，全部收入减去组委会的花费，不足的部分由国家政府、东京市政府和私人的捐款来承担，三方承担的费用均等。这个原则的维护基于来自国家政府、东京市政府和奥林匹克资金筹集协会（The Olympic Fund Raising Association）的支持，而这个资金筹集协会是在随后成立的一个专门处理筹集到的私人捐款的基金会。

---

　　① The Organizing Committee for the Games of the XVIII Olympiad, the Games of the XVIII Olymplad Tokyo 1964, The Official Report of the Organizing Committee, 1966, 10.

3.1.1　东京奥运会的收入来源

基于对文献资料的研究，东京奥运会的收入主要来源于四个方面（董杰，2001，2004），即政府资助、组委会收入、捐款和其他（见图 3 – 1）。

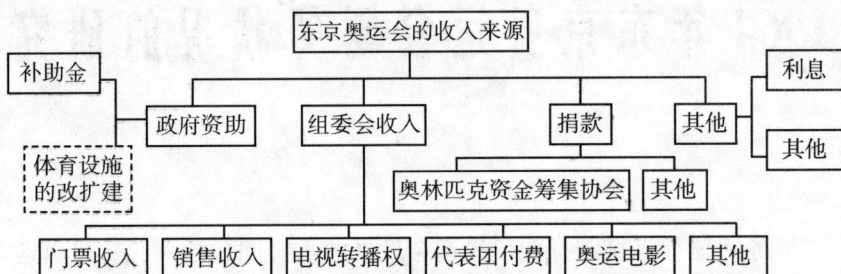

图 3 – 1　1964 年东京奥运会的收入来源

政府资助包括政府给组委会的补助金和为体育设施改扩建方面的资助。补助金由国家政府和东京市政府等额补助，政府在体育设施改扩建方面的资助既是为举办奥运会而获得的收入，也是举办奥运会在体育设施建设方面的支出，是日本政府为东京奥运会体育场馆设施建设投入的专门费用，因此，在图 3 – 1 中用虚线表示。组委会的收入包括门票收入、销售计划方面的收入、特许权收入（电视转播权收入）、奥运电影收入、参赛代表团付费收入和其他。捐助方面的收入主要包括奥林匹克资金筹集协会的捐赠和其他。其他方面的收入主要是指利息等。

奥林匹克资金筹集协会通过开展下列活动获得收入，即：出售捐资邮票；广告，包括在电话本上做广告、香烟广告、有轨电车广告、地铁车厢广告等；香烟销售；中央政府和地方政府控制下的赛马收入；彩票；开展 10 日元的捐款；公司、组织和个人捐款；各种比赛收入，包括举办高尔夫球比赛、大相扑比赛、职业摔跤比赛、棒球比赛、自行车比赛、摩托车比赛和摩托艇比赛等；纪念章收入和其他，等等（见图 3 – 2）。

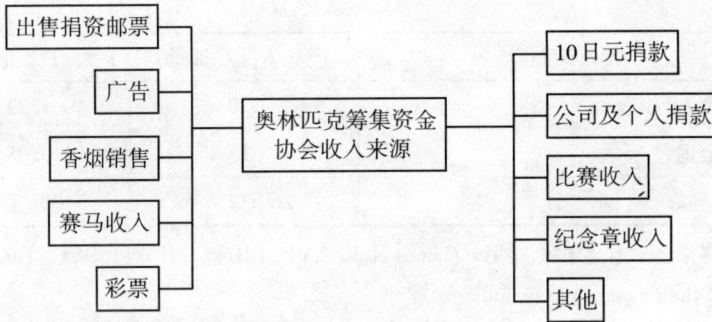

图 3 - 2　奥林匹克筹集资金协会收入的来源

3.1.2　东京奥运会收入的分析

首先，东京奥运会的收入以政府资助为主。东京奥运会各部分收入及所占比例见表 3 - 1。[①]

表 3 - 1　　　　　　　　　　东京奥运会的收入

收入来源	金额（百万日元）	百分比（%）
政府资助	**19 690**	**74.21**
补助金	3 102	11.69
体育设施改扩建方面的资助	16 588	62.52
组委会收入	**3 656**	**13.78**
门票	1 871	7.06
销售计划	35	0.14
电视转播权	600	2.27
其他	1 150	4.34
捐款	**2 855**	**10.76**
奥林匹克资金筹集协会	2 805	10.58
其他	50	0.19

① The Organizing Committee for the Games of the XVIII Olympiad, the Games of the XVIII Olympiad Tokyo 1964, The Official Report of the Organizing Committee, 1966, 10.

续表

收入来源	金额（百万日元）	百分比（%）
其他收入	320	1.21
准备金退款	13	0.05
总　计	26 534	100

资料来源：作者根据"The Games of the XVIII Olympiad Tokyo 1964, The Official Report of the Organizing Committee"整理。

从表3-1中可以清楚地看到，政府对举办奥运会的资助数额巨大，占74.21%，其中在体育设施的新建、改扩建方面的投入就高达约166亿日元。由于将政府投在体育设施新建、改扩建方面的花费计入举办奥运会的收入，因此，使得组委会的收入和捐款收入在奥运会的总收入中所占的比例大幅度下降，这反映出以下几点：

（1）当时奥运会的规模不够大，1964年东京奥运会只有93个国家和地区的5 151名运动员（其中男运动员4 473名，女运动员678名）参加比赛，奥运会的影响不够大，奥林匹克营销不可能获得巨大的成功。

（2）当时世界经济的发展状况和日本经济的实力决定了在奥林匹克营销方面很难获得巨大的收入。

（3）当时没有一套完整的、成功的奥林匹克营销模式。

（4）奥林匹克资金筹集协会没有将筹集到的资金全部捐助给东京奥运会组委会用于举办奥运会，而只是将其全部收入的46%捐献给了东京奥运会组委会。

（5）1964年东京奥运会是日本在第二次世界大战战败后不久举办的，人民的生活和企业的实力制约着购买力和无偿捐款等原因，获得如此收入已实属不易。

其次，电视转播权方面的收入是作为组委会收入出现的，数额相对较小，与近年来奥运会电视转播权的收入无法相比，这说明当时国际奥委会还对此方面的收入没有充分的认识，此外，电视转播商认为转播奥运会在当时并没有过高的商业价值，或电视转播商对转播奥运会没有足够的重视。

第三，奥林匹克资金筹集协会获得收入的各种来源，绝大多数与今天开展的奥林匹克营销有相类似的地方，所以，与其说是捐款，不如说是营销方面的收入，因为参与活动的人获得了一部分收益。例如，开展的捐款 10 日元（0.03 美元）或其他更多的活动，参加者可以获得一个吸引人的、有收藏意义的信封；由邮政部门出售的为举办奥运会发行的捐资邮票很有特点，它们按 20 种不同的奥运会比赛项目设计而成，这些邮票在 1961 年 10 月到 1964 年 8 月之间发行，每一种邮票面值为 5 日元（0.014 美元），加上 5 日元的捐资用于捐献给奥林匹克资金筹集协会等。这说明东京奥运会筹集资金市场化程度高，筹集资金的计划性强、针对性强，值得借鉴。

最后，需要注意的是，在奥林匹克资金筹集协会获得的收入中，从香烟的广告和销售中获得的收入，今天已经不被允许；另外，从与赛马等赌博有关的活动当中获得收入的营销方式也不再被允许采用，这充分体现了奥林匹克运动发展的健康性、环保性，以及对广大青少年的教育性。

3.2

东京奥运会的支出与分析

3.2.1　东京奥运会支出的分类

东京奥运会的支出主要分为两类，即组织支出和工程支出，见图 3-3。[1][2][3] 组织支出主要是指筹备、举办奥运会时所需要的各种活动的具体运作花费，主要包括：人员、交通、外事活动、奥运会运行、宣传推广、门票管理、体育设备、仪式（包括开闭幕式）、医疗服务、设施维护、安保和东京国际体育周等方面的支出。

工程支出主要是指为举办奥运会兴建的各种体育场馆设施，城市基础设施和城市环境改造等方面的花费。工程支出分为直接支出和间

---

① 董杰：《奥运会对举办城市经济的影响》，经济科学出版社 2004 年版。

② Ferran Brunet, An Economic Analysis of the Barcelona' 92 Olympic Games: Resources, Financing, and Impact, Moragas, Miquel de & Miquel Botella (eds.): The Keys to Success. Barcelona: Universitat Autònoma de Barcelona, 1996.

③ 董杰：《现代奥运会支出的分类与模式》，载《体育科学》2003 年第 1 期。

奥运会

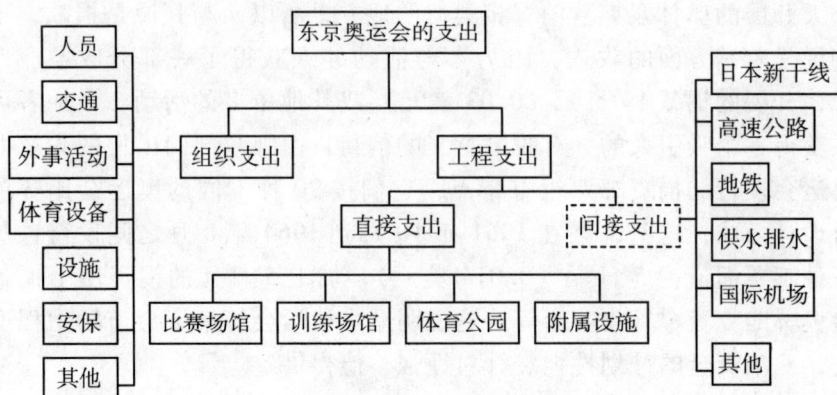

图 3-3　1964 年东京奥运会的支出

接支出。直接支出主要是指用于新建、改建、扩建举办奥运会必须使用的比赛场馆、训练场馆、体育公园、体育馆的附属设施等方面的支出。间接支出主要是指为了举办奥运会而用于新建、改建、扩建举办城市基础设施、环境保护、宾馆饭店与餐饮服务设施等方面的支出，包括建设日本新干线、改建高速公路、改建地铁、改建城市供水、改建城市的下水道、改建东京国际机场等，此部分支出如何计算，是否应该计入举办东京奥运会的支出，将在下面加以讨论，因此，在图 3-3 中用虚线表示。

3.2.2　东京奥运会支出的计算

由于东京奥运会用于工程支出的间接支出数额巨大，因此，如何对此部分支出加以计算，对于分析东京奥运会的财务状况非常重要。下面分两种情况对东京奥运会的支出加以计算。

1. 东京奥运会的支出等于组织支出与工程支出中的直接支出之和

东京奥运会各部分支出及比例见表 3-2。[1]

---

① The Organizing Committee for the Games of the XVIII Olympiad, The Games Of The XVIII Olymplad Tokyo 1964, The Official Report of the Organizing Committee, 1966, 10.

表 3 - 2　　　东京奥运会的支出（不计算工程支出的间接支出）

支出去向	金额（百万日元）	百分比（%）
组织支出	**9 946**	**37.49**
人员支出	1 012	3.82
交通	753	2.84
外事活动	224	0.85
奥运村运行	967	3.65
宣传推广	733	2.77
体育设备	1 180	4.45
仪式（含开闭幕式）	178	0.67
设施	2 607	9.83
安保	170	0.64
其他	2 122	8.00
工程支出	**16 588**	**62.51**
直接支出	16 588	62.51
中央政府支出	5 120	19.30
东京市政府支出	4 696	17.70
其他政府支出	6 772	25.53
总　计	26 534	100

资料来源：作者根据 "The Games of The XVIII Olympiad Tokyo 1964，The Official Report of the Organizing Committee" 整理。

东京奥运会的组织支出为 99.46 亿日元，占整个奥运会支出的 37.49%。其中：

设施方面的花费在组织支出中占的比例最大，为 9.83%，这部分支出是指包括改进奥运村和奥运会比赛场地的设施，以及组委会租借已经存在的设施，或国家和地方政府新建设施等方面的花费。

设施方面的花费中，有一部分是改进奥运村和比赛场地里面设施的花费，但这里的花费与工程支出中的直接支出有明显的区别，主要是没有巨大的工程量，而用于设施方面的花费也不会很大，主要是用于租借方面的花费，所以将此部分花费作为组织支出。

体育设备方面的花费主要包括印刷日常计划、注册表、记录纸、训练场馆的出租和控制、喂养和训练现代五项运动的马匹、培训和雇佣奥运会的官员、奥运会设备的准备、委托一定的体育组织为奥运会所做的相应准备以及艺术展览等方面的花费。

人员等管理方面的支出是指所有管理费用，即工作人员的工资费用、办公室的维护费用、服装费用和旅行等方面的花费。

奥运村运行方面的花费，包括所有奥运村管理方面的花费，还有一些设备供应、灯光、供热、水和运动员、官员的住宿费用，以及雇员的薪水等。

交通方面的支出是指在奥运会期间执行交通规章制度和政策方面的花费，包括为了规范交通在交通信号、设备和供给方面的花费，运送运动员、官员、赛艇、皮划艇、船只、马匹等方面的花费。

特别值得注意的是，东京奥运会在安保方面的花费数额相对较小，这与现在举办奥运会在安保方面投入巨大的事实有很大不同，例如，2004年雅典奥运会在安保方面投入15亿美元。这其中抛开奥运会规模增大的因素，也反映出第二次世界大战结束不久，人民厌倦战争、渴望和平的良好愿望。

东京奥运会的组织支出数额不大，只有276万多美元，一方面说明当时奥运会的规模不是很大，另一方面显示了日本在奥运会组织管理方面的成功。

表3-2显示东京奥运会工程支出的直接支出数额为165.88亿日元，占东京奥运会整个支出的62.51%，其中日本政府出资最多，为51.20亿日元，占19.30%，东京市政府出资46.96亿日元，占17.70%。

2. 东京奥运会的支出等于组织支出与工程支出之和

东京奥运会的支出不仅包括组织支出、工程支出中的直接支出，而且还包括工程支出中的间接支出，按此种方法计算，东京奥运会的支出为9 873.34亿日元（见表3-3）。[①]

---

① The Organizing Committee for the Games of the XVIII Olympiad, the Games of the XVIII Olympiad Tokyo 1964, The Official Report of the Organizing Committee, 1966, 10.

表 3 - 3　　　　　　　　　东京奥运会的支出

支出去向	金额（百万日元）	百分比（％）
组织支出	**9 946**	**1.00**
人员支出	1 012	
交通	753	
外事活动	224	
奥运村运行	967	
宣传推广	733	
体育设备	1 180	
仪式（含开闭幕式）	178	
设施	2 607	
安保	170	
其他	2 122	
工程支出	**977 388**	**99.00**
直接支出	16 588	1.68
中央政府支出	5 120	0.52
东京市政府支出	4 696	0.48
其他政府支出	6 772	0.69
间接支出	960 800	97.32
日本新干线	380 000	38.49
高速公路	175 300	17.76
地铁	189 500	19.20
供水	38 100	3.86
排水	34 400	3.49
国际机场	8 600	0.88
其他	134 900	13.67
总　计	987 334	100

资料来源：作者根据 "The Games of the XVIII Olympiad Tokyo 1964，The Official Report of the Organizing Committee" 整理。

如果将东京奥运会工程支出的间接支出计作举办东京奥运会的支出，那么组织支出和工程支出中的直接支出的数额与之相比就显得太小，组织支出仅占奥运会支出的1%，工程支出的直接支出也仅占全部支出的1.68%。而工程支出中的间接支出数额为9 608亿日元，占全部支出的97.32%，数额巨大。其中仅建设日本新干线一项支出就高达3 800亿日元，占全部支出的38.49%。

3.2.3　东京奥运会支出的讨论

关于东京奥运会支出的讨论，重要的问题是工程支出中的间接支出是否算作举办东京奥运会的支出。这里有必要运用经济学的成本—效益分析理论进行深入的讨论。

萨缪尔森认为，成本—效益分析是指决定一项政府计划的成本与收益。首先，对一个公共投资项目预期所带来的收益的现值给予估计，然后同它预期所需支出的成本相比较，以帮助决定取舍及做出决策（萨缪尔森，2001）。哈维·S·罗森认为，所谓成本—效益分析，就是一系列指导公共开支决策的实践程序的总称。大多数政府项目与政策都会使私人部门对某些稀缺商品拥有较多，而对另一些商品则拥有较少。成本—效益分析的核心内容是，为这些商品的评价提供一个系统的程序，它使政策分析可以确定，一个项目就总体而言是否有益。成本—效益分析考虑在时间跨度中得到的净效益。为使这些净效益可以比较，必须计算所有这些净效益的现值。成本—效益分析法是科学的分析方法，运用它的前提条件是公共支出的效益必须能用货币计量（哈维·S·罗森，2000）。

根据经济学中的成本—效益分析理论，如果工程支出的间接支出不计做举办东京奥运会的支出，那么，东京奥运会的收入与支出是持平的，也就是说，在1964年的奥运会上，举办奥运会对于举办国家、举办城市和奥运会组委会来讲就是不赔钱的。而如果将工程支出中的间接支出计做东京奥运会的支出，那么，东京奥运会在财务方面亏损巨大。需要注意的是，如果将工程支出中的间接支出计做举办奥运会的成本，那么，到目前为止，只有1984年洛杉矶奥运会是个例外，因为，洛杉矶奥运会几乎没有工程方面的支出，使用的都是城市原有的体育设施，或只是对城市原有体育设施的改扩建，花费较少。而只有在工程支出中花费得少，特别是在工程支出中的间接支出中花费得少，举办奥运会才有可能赚钱，或收支基本平衡（董杰，2003，2004）。

从目前获得的资料来看，很难区分出工程支出中的间接支出有多少是为举办奥运会所进行的花费；有多少是兼顾举办奥运会和举办城市建设的花费；有多少是与举办奥运会无关，只与举办城市发展有关的花费。尽管国际上倾向于将此部分的支出不计做举办奥运会的支出，但是，这部分的支出里面确实有为举办奥运会所进行的花费。

举办奥运会在工程方面的支出，就是对举办城市的投入，如果工程支出的间接支出不计做举办奥运会的支出，那么，举办奥运会的支出就比现在认为的数额小得多，也就是说，对举办城市的城市建设投入的就少，自然，对举办城市产生的经济影响也要小很多。

"战争结束时，日本经济处于一种悲惨的境地。大小城市，除了几座历史名城如京都和奈良外，几乎全部毁于战火。不仅大量的居民没有住房，而且生产设备也全部被毁。"[1] 但就是在这样的条件下，"第二次世界大战后不久，东京都知事安井诚一郎提议东京承办第 17 届奥运会，并于 1953 年得到了日本众议院的认可，但国际奥委会却将承办权交给了意大利首都罗马。尽管如此，日本仍不甘心，继续申请，终在 1959 年 6 月获得第 18 届奥运会的承办权。"[2] 1964 年，正是日本第二次世界大战战败 20 年，要想举办奥运会这种大型的体育综合性运动会，在新建、改扩建体育设施方面、在城市基础设施方面的巨大花费是必须付出的。

日本在战后经济如此困难的情况下举办 1964 年奥运会，而且在财务方面投入巨大，整个奥运会投入折合 30 亿美元，相当于 20 世纪 60 年代前半期日本年度预算的 1/4 左右，这些投入大都用于东海道新干线、首都圈高速公路等城市基础设施建设（崔颖波，赵广辉，2004）。这样巨大的投入一定有它的道理，正是东京奥运会的成功举办，让日本在世界面前重新站了起来。重要的是，"战后初期是日本的传统文化和

---

① 森岛通夫：《日本为什么"成功"——西方的技术和日本的民族精神》，四川人民出版社 1986 年版。

② 吕树庭：《从美、日、韩承办奥运会引出的思考》，载《体育科学》1992 年第 4 期。

道德的危机时期。人民大众对传统文化的生活方式失去了信心，甚至憎恨它们。"① 通过举办奥运会，改变了这一切。正是东京奥运会加速了日本的国际化，提升和修复了日本在国际社会上的地位和形象，振奋了日本的民族精神，改善了东京的市政建设，尤其是加速了日本经济的高速发展。1964 年日本的 GNP 增长 13%，以 1964 年为分界线：1954~1964 年 GNP 约增长了 21 亿日元，1964~1976 年的 12 年间，GNP 增长了约 63 万亿日元（吕树庭，1992）。这说明经济的投入，换来了政治上的收益。这些政治和经济的选择都是依赖于一个国家的历史进程中意识形态配置的方式。同样真实的是，意识形态本身又受到经济发展的影响和改造，甚至被经济发展所毁灭，而且这种反作用不能忽略（森岛通夫，1986）。其他国家举办奥运会也是如此。

---

① 森岛通夫：《日本为什么"成功"——西方的技术和日本的民族精神》，四川人民出版社 1986 年版。

第4章

日本、韩国和中国举办奥运会
财务状况的比较研究

日本东京和韩国汉城（现名称为首尔）分别于1964年和1988年成功地举办了第十八届和第二十四届奥运会，这两届奥运会，在奥林匹克运动的历史上书写了重重的一笔。北京作为2008年第二十九届奥运会的举办城市，目前正在积极筹备奥运会，以实现举办一届奥林匹克运动历史上最出色奥运会的目标。本部分运用文献资料法、比较法、分类法、归纳法、演绎法和数理统计法等研究方法，对三个亚洲国家举办奥运会的财务状况进行比较研究，特别是通过对东京和汉城奥运会财务状况的研究，借鉴两个举办城市在举办奥运会时财务方面的经验教训，对北京举办奥运会在财务预算方面进行分析，目的是对北京成功举办2008年奥运会以及奥林匹克运动的发展提供可资借鉴的依据。

4.1

亚洲三国奥运会的财务状况

奥运会的财务状况主要包括收入和支出，表4-1列出了东京奥运会和汉城奥运会的财务状况，以及北京奥运会的财务预算。① 奥运会的

---

① 资料来源于北京2008年奥林匹克运动会申办委员会编著：《北京2008年奥林匹克运动会申办报告》（中英文版），奥林匹克出版社2001年版。

收入包括：奥运会举办国家政府对奥运会的资助；国际奥委会对奥运会的投入；各种捐助；奥运会组委会的各种收入和税收等。奥运会的支出包括：组织支出和工程支出。组织支出是指筹备、举办奥运会时所需要的各种活动的具体运作花费，主要包括人员支出、交通和安保等。工程支出主要是指为举办奥运会兴建的各种体育场馆设施、城市基础设施和城市环境改造等方面的花费。工程支出分为直接支出和间接支出。直接支出主要是指用于新建、改建、扩建举办奥运会必须使用的比赛场馆、训练场馆等方面的支出；间接支出主要是指为了举办奥运会而用于新建、改建、扩建举办城市基础设施、环境保护、宾馆饭店与餐饮服务设施等方面的支出（董杰，2004）。

表4-1	日本、韩国和中国奥运会的财务状况		单位：亿美元
奥运会举办年份与举办城市	收入	支出	节余状况
1964年东京	0.737	0.737	0
1988年汉城	13.24	8.27	4.97
2008年北京	34.966	34.806	0.16

资料来源：作者根据相关资料整理得出。

注：汉城奥运会的收入与支出中没有包括政府的资助和支出。

从表4-1中可以看出，举办奥运会获得的收入呈上升趋势，同样，支出也在快速上升，而且，支出上升的速度比收入上升的速度快。需要说明的是，表4-1中的支出只包括工程支出的直接支出，不包括间接支出。

4.1.1 收入增加的原因分析

举办奥运会收入上升的最主要的原因在于建立了完整的奥林匹克营销模式，使得国际奥委会对奥运会的举办资助增大和奥运会组委会自身的收入增多（见表4-2、表4-3）。

表 4 – 2　　　　　　　日本、韩国、中国举办奥运会
电视转播权的收入　　　　　　单位：百万美元

奥运会举办时间和城市	国际奥委会电视转播权收入	奥运会组委会获得收入
1964 年东京	1.67	1.67
1988 年汉城	407	322
2008 年北京	1714	840

资料来源：作者根据相关资料整理得出。

注：北京奥运会的电视转播权收入来自国际奥委会网站，组委会获得全部电视转播权收入的 49%。

表 4 – 3　　　　　北京奥运会参与市场营销计划的主要公司
（截至 2006 年 7 月 22 日）

各种营销级别	公司名称
国际奥委会全球合作伙伴（TOP）	可口可乐、源讯、通用、柯达、联想、宏利集团、麦当劳、欧米茄、松下公司、三星公司、威萨信用卡
北京 2008 合作伙伴	中国银行、中国网通、中国石化、中国石油、中国移动通讯、大众汽车、阿迪达斯、强生、中国国际航空公司、中国人保财险、国家电网
北京 2008 赞助商	全球快递、海尔、百威、搜狐、伊利、青岛啤酒、燕京啤酒、必和必拓、恒源祥
北京 2008 独家供应商	梦娜、贝发文具、华帝、亚都、士力架

资料来源：作者根据"第 29 届奥林匹克运动会组织委员会．北京 Beijing 2008，ISSUE 02，2006"整理。

　　有 250 个公司参加了 1964 年东京奥运会的市场营销计划，虽然参与的公司数量众多，但收入却无法与今天相比，重要的原因就在于当时无论是在世界范围，还是在日本，企业的经济实力无法与现在相提并论，另外，从奥林匹克运动的角度来看，当时没有建立一套完整的奥林匹克营销模式，限制了东京奥运会组委会的收入。

1984 年洛杉矶奥运会的举办,获得了超过 2 亿美元的经济收入,并建立了一套完整的奥林匹克营销模式,即国际奥委会营销计划、奥运会组委会营销计划和国家奥委会营销计划的三级结构。在国际奥委会的指导下,从 1985 年开始,每 4 年一个周期,在世界范围内实行营销计划,也就是 TOP(The Olympic Partners)计划,汉城奥运会正好处在第一期,共有 9 个世界级的跨国公司参与此营销计划,即可口可乐、柯达、威萨信用卡、3M 公司、飞利浦、松下公司、兄弟公司、时代公司、联邦快递。汉城奥运会组委会从第一期 TOP 计划中获得 41.8 百万美元的收入。

北京 2008 奥运会市场营销的参与情况见表 4 – 3。其中,参加 TOP 计划的公司最低需缴纳 6 500 万美元的现金。这 11 家公司全部收入的 33% 由国际奥委会分配给北京奥组委,作为北京举办奥运会的资金,合计约 2 亿美元。

4.1.2 支出增加的原因分析

举办奥运会支出上升的最主要原因在于奥运会的规模不断扩大,见表 4 – 4。

表 4 – 4　　　　　日本、韩国和中国举办奥运会的规模

	参赛国家或地区	运动员人数（人）		奥运会设大项	奥运会设小项
		男运动员	女运动员		
1964 年东京	93	4 473	678	19	163
1988 年汉城	159	6 197	2 194	25	237
2000 年悉尼	199	6 582	4 069	28	300
2004 年雅典	201	约 10 500		28	301
2008 年北京		约 10 500		28	302

资料来源:作者根据 "Olympic Games. www. olympic. org, 2006. 7. 15" 整理。

奥运会规模扩大,不但体现在参赛的国家或地区数量增加、奥运会参赛的运动员数量增加、奥运会设置的比赛大项和小项增加等方面,而

且，参赛的人员也越来越复杂，女运动员参加比赛的数量在快速上升，东京奥运会女运动员只占运动员总数的 13.17%，汉城奥运会上升到 26.15%，悉尼奥运会上升到 38.2%。北京奥运会的情况与悉尼和雅典奥运会的情况相类似。参赛国家或地区的数量增加，将会导致民族多样性的问题等。

而运动项目的增加，不仅仅增加了竞赛组织工作的难度，重要的是，它需要建设大量的与之配套的比赛场馆设施及辅助设施。

奥运会规模的扩大还表现在参加奥运会工作的志愿者数量和新闻记者数量大幅度增加等方面（见表 4 - 5）。

表 4 - 5　　　　汉城和悉尼奥运会志愿者和媒体记者数量　　　　单位：人

年份与举办城市	志愿者数量	媒体记者数量	
		文字记者	电视记者
1988 年汉城	27 221	4 978	6 353
2000 年悉尼	46 967	5 298	10 753

资料来源：作者根据 "Olympic Games. www. olympic. org，2006. 7. 15" 整理。

参加北京 2008 年奥运会和残奥会的志愿者人数预计将达到 10 万人，注册的媒体记者将超过 2 万人。这些方面规模的扩大，势必增加举办奥运会的支出。值得注意的是，在善待媒体的原则下，记者的数量不仅在快速增加，而且对记者的服务标准也在不断提高，记者村、媒体运行中心、主新闻中心等硬件设施的建设，在通讯及服务等软件方面的投入，就是希望新闻媒体来大力宣传奥运会，宣传举办城市和举办国家，而这样的做法极大地增加了举办奥运会的开支。

4.2

日本、韩国和中国举办奥运会收入的分析

根据 1964 年东京奥运会和 1988 年汉城奥运会后正式出版的总结报告，以及 2008 年北京奥运会的申办报告，三届奥运会的具体收入见表 4 - 6。

表4-6　　　　　日本、韩国和中国举办奥运会的收入　　单位：百万美元

国家/城市	收入来源	金额	百分比（%）
日本/东京	政府资助	54.6945	74.21
	组委会收入	10.1556	13.78
	捐款	7.9306	10.76
	其他收入	0.925	1.26
	合计	73.7057	100
韩国/汉城	政府资助	未获得	
	国际奥委会资助	363.8	27.48
	组委会收入	541.94	40.94
	捐款与赞助	353.22	26.68
	其他收入	64.58	4.88
	合计	1 324	100
中国/北京	政府资助	1971.6	56.39
	国际奥委会资助	839	24.00
	组委会收入	620	17.74
	捐款	20	0.58
	其他收入	46	1.32
	合计	3 496.6	100

资料来源：作者根据相关资料整理。

4.2.1　日本东京奥运会的收入

东京奥运会中政府投入的比例最高，之所以这样，是因为这里将政府投入在体育设施改扩建方面的资助计为举办奥运会所获得的收入，这部分资金的数额约为0.46亿美元，相对于东京奥运会组委会的收入，这部分资金的数额巨大，而且专门用于体育设施的改扩建。因此，这部分资金也作为后面工程支出中的直接支出计算。

如果抛开政府的资助，东京奥运会收入只有0.19亿美元，这个数额无法与现在举办奥运会获得的收入相比。这主要有以下几个原因：

（1）电视转播权的收入过少，只有 0.0167 亿美元。

（2）组委会自身的收入不高。以门票销售为例，只有 0.05 亿美元的收入，反映了当时人们的体育消费水平不高，而这实际上是世界范围的社会经济发展水平不高的结果；另外，奥林匹克营销方面的特许经营收入过低，收入只有 9.73 万美元，占全部收入的 0.14%，说明奥林匹克标志的商业价值还没有得到足够的认可。

（3）需要注意的是，有一部分收入是由奥林匹克资金筹集协会募集的，包括邮票的销售和"奥林匹亚"牌香烟的销售收入等，但之后的奥运会中没有香烟之类有害人身体健康的产品参与营销，同时，与赛马等赌博有关的活动也被禁止进行。

4.2.2　韩国汉城奥运会的收入

在财务状况的收入方面，从韩国汉城奥运会结束后出版的正式总结报告中，没有体现出政府为奥运会的举办直接拿出资金来资助的数据。

1. 国际奥委会资助

此时的国际奥委会，已经从财政危机中摆脱出来，通过出售电视转播权和实施 TOP 计划，为汉城奥运会组委会提供了超过 3.6 亿美元的资助，占组委会收入的 27.48%。

2. 汉城奥运会组委会的收入

汉城奥运会组委会的收入更加可观，接近 5.42 亿美元，占总收入的 40.94%。特别是在纪念币、纪念章的销售和门票的销售等方面。

（1）纪念币收入。

汉城奥运会共发行 32 种 1 106 万枚纪念币，收入 1 310 亿韩元，大约 70% 的高价金银纪念币销往国外市场，产生了积极的公共影响和巨大的经济收入。1988 年 9 月最后 4 种纪念币发行时，前期奥运纪念币的收藏价值已经上升 50% 以上。其中，面值 50 000 韩元和 25 000 韩元的金币各 4 种，面值 10 000 韩元和 5 000 韩元的银币各 8 种，面值 2 000 韩元的镍币和面值 1 000 韩元的铜镍合金币各 4 种。各种面值纪念币的售价见表 4-7，纪念币的成分和发行数量见表 4-8。

表4-7　　　　汉城奥运会发售的各种纪念币的面值及售价　　单位：韩元

面值种类	售价
50 000 韩元金币	700 000
25 000 韩元金币	350 000
10 000 韩元银币	28 000
5 000 韩元银币	14 000
2 000 韩元镍币	2 400
1 000 韩元铜镍合金币	1 200

资料来源：The Seoul Olympic Organizing Committee. Official Report，The Korea Textbook Co. ，Ltd. ，September 30，1989.

表4-8　　汉城奥运会发售的各种纪念币的成分和数量

种类	直径（毫米）	重量（克）	成分（%）	数量（千枚）		
				国内	国外	总数
50 000 元金币	35	33. 626	金 92. 5 银 3. 0 铜 4. 5	30	90	120
25 000 元金币	27	16. 813	金 92. 5 银 3. 0 铜 4. 5	120	520	640
10 000 元银币	40	33. 62	银 92. 5 铜 7. 5	600	1 300	1 900
5 000 元银币（Ⅰ）	32	16. 81	银 92. 5 铜 7. 5	500	900	1 400
5 000 元银币（Ⅱ）	32	16. 81	银 92. 5 铜 7. 5	500	900	1 400
2 000 元镍币	33	17	镍 100	1 680	1 120	2 800
1 000 元铜镍合金币	30	12	铜 75 镍 25	1 680	1 120	2 800
总　数				5 110	5 950	11 060

资料来源：The Seoul Olympic Organizing Committee. Official Report，The Korea Textbook Co. ，Ltd. ，September 30，1989.

（2）门票收入。

汉城奥运会的门票销售也获得了良好的经济收入（见表4-9）。

表 4 – 9　　　　　　汉城奥运会门票销售的数量及收入情况统计表

种类	数量（张）			收入（亿韩元）			占门票总收入（%）
	实际销量	国内销量	国外销量	国内	国外	总收入	
开闭幕式门票	107 368	68 587	38 781	66.34	48.78	115.12	41.87
比赛门票	3 198 576	2 727 221	471 355	120.64	39.18	159.82	58.13
总　计	3 305 944	2 795 808	510 136	186.98	87.96	274.94	100

资料来源：The Seoul Olympic Organizing Committee. Officaial Report, The Korea Textbook Co., Ltd., September 30, 1989.

汉城奥运会门票销售主要分为两种，一种是开、闭幕式门票，一种是比赛门票。开、闭幕式门票一共售出 107 368 张，其中国内售出 68 587 张，国外售出 38 781 张，共收入 115.12 亿韩元，开闭幕式门票最高票价为 150 000 韩元，相当于 220 美元。比赛门票总共印了 429 万张，售出 319.8576 万张，收入 159.82 亿韩元。根据不同的比赛项目，票价在 2 000 ~ 40 000 韩元之间不等，也就是说，比赛门票的最高票价不超过 60 美元，其中国内售出 2 727 221 张，收入 120.64 亿韩元；国外售出 471 355 张，收入 39.18 亿韩元，全部门票收入为 274.94 亿韩元。需要注意的是，门票相对而言在国外销售的数量少，但收入却相比于国内要高。

（3）捐款方面的收入。

汉城奥运会在捐款与赞助方面也获得了极大的成功，收入超过 3.5 亿美元，占汉城奥运会总收入的 26.68%，数额十分可观。捐款与赞助奥运会可以为举办奥运会带来两个方面的好处，一是获得大量的经济收入，特别表现在筹备奥运会的早期阶段，这些收入的一部分可以为筹备奥运会所使用；二是能够提升参加捐助活动的人对举办奥运会的参与意识，从而提高这些人对奥林匹克运动的认同感，增强他们的主人翁意识。

4.2.3　中国北京 2008 奥运会的收入

北京奥运会的收入按照预算只有 16.25 亿美元，但在这里，将用于体育场馆和奥运村建设的城市、地区或国家政府以及私人投资的 18.716 亿美元也作为举办奥运会获得的收入，当然，这些资金是专门用于建设奥运会比赛场馆和奥运村的。由此带来的问题是，北京奥运会收入之高，主要是由政府资助带来的，占全部收入的 56.39%，这反映出以下几点：

（1）中国各级政府对于成功举办奥运会高度重视。

（2）北京及其他奥运会举办地（沈阳、秦皇岛、天津、上海、香港和青岛）的体育设施还相当不完善，远远达不到举办奥运会对比赛场馆的要求，因此，不得不投入如此巨大的资金进行建设。

（3）政府有借此机会大量修建体育设施之意，以使奥运会之后能够留下宝贵的物质文化遗产，为全民健身和体育产业的发展奠定良好的物质基础。

国际奥委会对举办奥运会在财务方面的支持巨大，最主要的原因在于，其通过实施的奥林匹克营销计划在财政方面获得了独立，有能力为举办城市提供巨资来举办奥运会。特别是从电视转播权和 TOP 计划获得的收入中按比例分配给奥运会组委会的数额在不断增加。

即使不将用在体育设施方面的投资作为举办奥运会的收入，北京奥运会组委会的收入预算也不算高。但应当看到，预算中对收入的计算相当保守，截至目前，北京 2008 奥运会合作伙伴有 11 家，赞助商有 9 家，独家供应商有 5 家，这将为北京奥运会组委会带来巨大的经济收入。

另外，北京奥运会组委会的预算中，门票收入只有 1.4 亿美元，数额也偏低。目前，北京奥组委的门票销售计划即将启动，将实行低票价、多档次的门票销售战略，充分考虑青少年学生的承受能力，由此来看，实际收入将远远超过预算的数额。

需要注意的是，北京奥组委在筹备奥运会的过程中，没有接受捐赠，这与以往其他奥运会举办城市有很大的不同，这种做法反映出以下几点：

（1）北京奥组委对自己的市场营销计划有信心，认为收入可以满足举办奥运会的需要。

（2）不需要市民的捐赠，反映出奥组委和政府体察民情，有减低市民经济负担的考虑。

（3）与以往中国和北京举办亚运会等运动会不同，不搞摊派，体现出奥运会组委会和政府实事求是的作风。

但客观地讲，由于没有市民的个人捐赠，北京奥组委的收入将受到很大的影响。

4.3
日本、韩国和中国举办奥运会支出的分析

4.3.1　三国举办奥运会的支出数据

根据 Ferran Brunet（1996）的研究，以及 2008 年北京奥运会的申办报告，东京奥运会、汉城奥运会和北京奥运会三届奥运会的具体支出见表 4 - 10。

表 4 - 10　　　　　　　　东京、汉城和北京奥运会的支出　　　　单位：亿美元

国家/城市	支出去向	金额	百分比（%）
日本/东京	组织支出	1.6951	2.48
	工程支出	66.55977	97.52
	直接支出	2.82605	4.14
	间接支出	63.73372	93.38
	合　计	68.25488	100
韩国/汉城	组织支出	4.78204	15.15
	工程支出	26.77072	84.85
	直接支出	9.89649	31.37
	间接支出	16.87423	53.48
	合　计	31.55276	100
中国/北京	组织支出	14.19	8.95
	工程支出	144.466	91.05
	直接支出	20.616	13.00
	间接支出	123.85	78.05
	合　计	158.656	100

资料来源：作者根据相关资料整理。

奥
运
会

根据东京奥运会后出版的正式总结报告，东京奥运会的支出见表 4－11。

表 4－11　　　　　　　　　东京奥运会的支出　　　　　　　　单位：亿美元

支出	金额	百分比（%）
组织支出	0.276	1.01
工程支出	27.15	98.99
直接支出	0.461	1.68
间接支出	26.689	97.31
合　　计	27.426	100

资料来源：作者根据 "The Organizing Committee for the Games of the XVIII Olympiad, The Games of the XVIII Olympiad Tokyo 1964, The Official Report of the Organizing Committee, 1966.10" 整理。

根据汉城奥运会组委会主席朴世直的专著《我策划了汉城奥运会》，汉城奥运会的支出见表 4－12。

表 4－12　　　　　　　　　汉城奥运会的支出

支出	金额（亿韩元）	金额（亿美元）	百分比（%）
组织支出	3 443	5.0329	14.55
工程支出	20 219	29.5557	85.45
直接支出	7 564	11.0569	31.97
间接支出	12 655	18.4988	53.48
合　　计	23 662	34.5756	100

资料来源：作者根据 "［韩］朴世直：《我策划了汉城奥运会》，中信出版社 2005 年版" 整理。

注：1988 年 1 美元兑换 684.1 韩元。

根据汉城奥运会后正式出版的总结报告，汉城奥运会组委会的组织支出，见表 4－13。

表4-13 汉城奥运会组织支出及比例 单位：百万韩元

项目	竞赛	礼仪	保险	医疗	交通	奥运村新闻村	公共关系
金额	57 188	5 488	46	2 566	4 669	30 931	29 916
比例（%）	17.3	1.66	0.01	0.78	1.41	9.35	9.05

项目	文化节	收入计划	组织管理	安全计划	其他	总计	相当美元
金额	32 487	37 015	69 495	50 147	10 694	330 642	4.83亿
比例（%）	9.83	11.19	21.02	15.17	3.23	100	

资料来源：作者根据相关资料整理。

4.3.2 三国举办奥运会支出的分析

从上面不同的资料中获得的举办奥运会的支出金额是存在一定不同的，究其原因，主要有以下几点：

第一，获得举办奥运会的支出数据较困难。经常发现，获得举办奥运会的收入数据相对来说容易，而且比较详细，因为组织者似乎更愿意说举办奥运会获得了多少收入，但支出则较难获得，组织者似乎并不愿意承认举办奥运会多花钱这样的事实，这给深入研究带来了很大的困难。因此，支出方面的数据显得十分珍贵。

第二，支出方面数据的不同，可能是由于对支出的理解不同造成的，这将导致计算方式的不同，有的研究把某一方面的花费作为举办奥运会的支出，有的研究却并没有将此方面支出计入花费。

第三，汇率不同也是导致支出数据不同的一个重要原因。以汉城奥运会为例，1986年，1美元兑换861韩元，1987年兑换792韩元，到了1988年，则兑换684韩元，这就使汉城奥运会的支出数据存在不同，我们不能了解不同的研究对象是按上面什么汇率计算得出支出数据的资料。

从总体上看，举办奥运会的支出呈快速上升趋势，无论是在组织支出方面，还是在工程支出方面都是如此。

根据不同研究者的数据，呈现出工程支出的直接支出数额比组织支出大，工程支出的间接支出数额比工程支出的直接支出多的情况。而组织支出与工程支出相比，数额较小，甚至是微不足道的。

应该引起注意的是，东京奥运会是在战败20年后举办的，当时日本需要建设大量的城市基础设施，使得举办奥运会在工程支出的间接支出方面投入巨大。但汉城和北京举办奥运会也在城市基础设施方面投入巨大，这说明奥运会对举办城市的城市功能要求非常高。作为西方发达国家的英国，2012年伦敦奥运会在此方面的花费也非常巨大（见表4-14），可见城市基础设施方面投入的必要性、重要性与普遍性。

表4-14	伦敦奥运会的预算支出	单位：亿美元
支出		**金额**
组织支出		**24.6**
体育设施运作		4.17
技术		4.48
管理		2.55
交通		1.98
奥运会的人力		1.87
工程支出		**158**
直接支出		21
间接支出		137
总　计		182.6

资料来源：作者根据"Report of the IOC Evaluation Commission for the Games of the XXX Olympiad in 2012. www. olympic. org，2005.7.5"整理。

奥运会的组织支出多少，与奥运会的规模、举办城市的办赛经验、组委会的组织管理水平和申办奥运会提出的优惠条件等方面关系密切。特别值得学习的是东京奥运会在宣传推广方面的支出（见图4-1）。在东京奥运会举办之前，宣传费用不是很高，在奥运会年，宣传费用急剧增加，能够利用比赛及时对奥运会进行宣传，有利于提高宣传效果，即使是在奥运会举办之后的1965年，仍然有1.39亿日元的投入，这对于进一步宣传奥运会有非常积极的意义，值得北京奥运会学习借鉴。

日本利用奥运会，扩大了经济发展过程中属于最大障碍因素的间接资本的投资，其结果是，在筹备奥运会的四年时间里，投资规模上升到GNP的1%，总投资额的3.1%，而这一点正是奥运会之后，随着投资

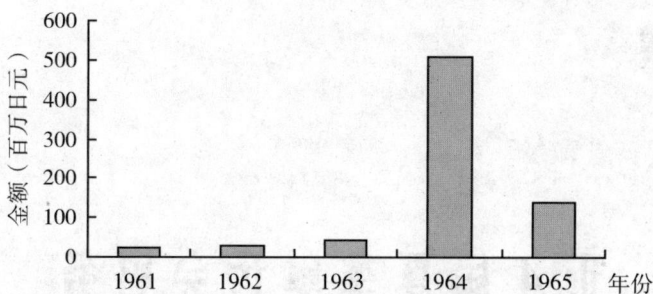

图 4 - 1　东京奥运会宣传推广方面的支出

资料来源：作者根据"The Organizing Committee for the Games of the XVIII Olympiad, The Games of the XVIII Olympiad Tokyo 1964, The Official Report of the Organizing Committee, 1966. 10"整理。

注：1 美元对于 360 日元。

规模和消费的减少而引起经济衰退的主要原因。汉城奥运会总投资额 23 662 亿韩元，占 GNP 的 0.5%，筹备期间的投资额达 1%，与此相比较，汉城奥运会还不至于造成经济过热或经济倒退现象。① 而事实上，汉城奥运会之后同样存在东京奥运会后面临的问题，那就是投资规模和消费减少所导致的经济衰退，只不过是衰退的大小问题和时间长短问题。这对于北京举办奥运会依然是面临的一个重要问题，因为北京同样在工程支出中投入巨大。

　　奥运会发展到今天，在其巨大的影响力背后，举办奥运会的财务状况应该引起人们的高度重视。举办奥运会投入得多，产出才能大，影响才能广泛，但从哪里得到资金举办奥运会，政府从公共事业经费中出资举办奥运会应该出多少，是否还有其他项目等待政府出资兴办等问题非常值得研究。同时，奥运会的支出越来越高，说明举办奥运会的标准不断提高，这将导致举办奥运会的成本不断上升，即使奥林匹克营销获得的收入在不断上升，恐怕也难以满足举办奥运会的支出，特别是举办奥运会的诸多隐性支出。

---

　　① ［韩］朴世直：《我策划了汉城奥运会》，中信出版社 2005 年版。

第5章

近4届夏季奥运会财务状况的研究

本章对 1992 年巴塞罗那奥运会、1996 年亚特兰大奥运会、2000 年悉尼奥运会和 2004 年雅典奥运会的财务状况进行深入、系统的研究，目的是掌握目前举办夏季奥运会在财务方面存在的特点，通过分析近 4 届奥运会的收入来源与支出去向以及收支的具体数额，来探讨目前举办夏季奥运会在财务方面应该注意的增收节支的措施，为北京成功举办 2008 年奥运会、为中国今后举办其他大型体育赛事以及其他奥运会举办城市在财务方面提供可资借鉴的理论依据。

5.1 近 4 届夏季奥运会收入的研究

5.1.1 近 4 届夏季奥运会的收入概况

根据近 4 届夏季奥运会的总结报告，近 4 届夏季奥运会收入情况见表 5-1。

表 5 - 1　　　　　　　　近 4 届夏季奥运会的收入

年份	收入 （百万本国货币）	收入 （百万美元）	本国货币兑换 美元的汇率
1992 年巴塞罗那	195 594 百万比塞塔	2 080.79	比塞塔：美元 = 94.0000：1
1996 年亚特兰大	1 721.02 百万美元	1 721.02	
2000 年悉尼	2 387.00 百万澳元	1 382.49 *	澳元：美元 = 1.7266：1
2004 年雅典	2 098.4 百万欧元	2 525.21	欧元：美元 = 0.830979：1
总　计		7 708.5	

资料来源：作者根据各届次夏季奥运会总结报告整理。

注：＊表示数据为净收入。

　　从表 5 - 1 中可以看到，举办奥运会能够获得巨额的收入，总体上，举办奥运会的收入呈现上升的趋势，4 届奥运会获得超过 77 亿美元的巨资。在这 4 届奥运会的总结报告中，尽管在收入的数额方面各届次奥运会有所不同，举办奥运会在收入的获得上也没有统一的来源，但获得收入的主要来源却是相同的，即主要包括出售电视转播权的收入、赞助商收入和出售门票获得的收入等。而由于奥运会举办国家、举办城市的具体情况不同，因此，依然无法说哪一届奥运会在收入方面比另一届奥运会在收入方面运作得好，同时，需要注意的是，由于收入多少的计算方式不同，比如，2000 年悉尼奥运会的收入是举办奥运会各项收入的净收入，因此，数额相对比其他届次少，但是按照此种方法计算，其举办奥运会的支出数额也相对较少，而实际的举办奥运会的经济收入却十分可观，达到 215.05 百万美元，是这 4 届奥运会经济效益最好的一届奥运会。为了更好地研究这 4 届奥运会的财务状况，分别对这 4 届奥运会的收入进行研究，探讨各届次奥运会收入的特点十分必要和重要。

5.1.2　1992 年巴塞罗那奥运会的收入

　　1992 年巴塞罗那奥运会的收入见表 5 - 2。巴塞罗那奥运会的收入主要来自两个渠道：一是来自特有的收入，主要包括奥运会赞助企业的收入，出售电视转播权、门票和为奥林匹克大家庭提供服务等方面获得的收入。二是来自参与和捐款方面的收入，主要包括发行奥林匹克邮票、纪念币和纪念章方面获得的收入，发行的彩票、赌注游戏方面获得的收入，以及来自各个国家和相应机构方面的收入等。

表 5 - 2 　　　　　　　1992 年巴塞罗那奥运会的
　　　　　　　　　各项收入及比例　　　　单位：百万比塞塔

收入来源	数额	占总收入的百分比（%）
特有的收入	**147 151**	**75.2**
赞助商收入	58 152	29.7
经销产品收入	1 534	0.8
无线电和电视转播权	54 164	27.7
门票	9 454	4.8
食宿	8 866	4.5
提供服务	14 981	7.7
参与和捐款	**46 349**	**23.7**
出售资产	**2 094**	**1.1**
总计	195 594	100

资料来源：作者根据"COOB'92, S. A. Official Report of the Games of the XXV Olympiad Barcelona 1992. Printing, Binding and Case：Cayfosa Industria Grafico"整理。

从表 5 - 2 中可以看出，赞助商的收入占奥运会的总收入比例最大，达到29.7%，需要注意的是，这里面应该包括国际奥委会的赞助商和奥运会组委会的赞助商收入，只是在奥运会的总结报告中没有加以区分。奥运会电视转播权的收入依然是举办奥运会最重要的收入之一，其收入占奥运会总收入的27.7%。为奥林匹克大家庭提供服务获得的收入占7.7%，门票收入占总收入的4.8%。

5.1.3　1996 年亚特兰大奥运会的收入

亚特兰大奥运会获得了超过17亿美元的巨额经济收入，这些收入主要包括出售电视转播权收入、国内赞助商计划收入，国际奥委会合作伙伴（TOP Ⅲ）的收入，门票收入和其他收入等，收入的各个组成部分所占的比例见图 5 - 1。

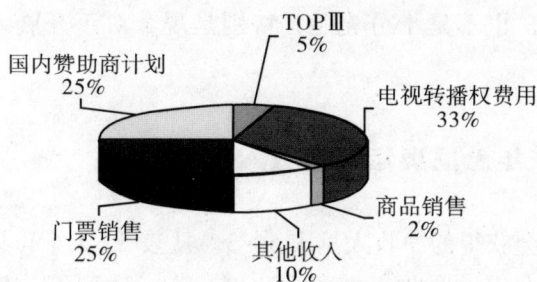

图 5 - 1　亚特兰大奥运会收入来源的比例

资料来源：The Atlanta Committee for the Olympic Games，The Official Report of the Centennial Olympiad Gamas，1997.

　　亚特兰大奥运会收到了来自 169 个国家的 15 个电视转播公司约 9 亿美元的付费，当时，创造了奥运会电视转播权收入的纪录，亚特兰大奥运会组委会获得电视转播权收入的 60%，占组委会全部收入的 33%。

　　国内赞助商计划（ACOP）是一个联合市场计划，由美国奥委会和亚特兰大奥运会组委会共同管理，组委会得到了超过 426 百万美元的收入，占总收入的 25%。

　　实施 TOPⅢ计划比以前奥运会收入增加的原因在于获得了更多的实物产品赞助、服务和支持（VIK），此部分收入增加的 65% 是由于 VIK 增加导致的，是以前的 3 倍。组委会作为 TOP 的参与者能够最有效地使用 VIK 的实物，这样就压缩了使用现金的场所。组委会从 TOPⅡ中获得了相当于巴塞罗那奥运会 VIK 收入的 4 倍。[①]

　　奥运会门票销售收入超过 425 百万美元，占奥运会总收入的 25%，收入数额之高，在总收入中所占比例之大，都是以往奥运会所没有的，这主要归因为以下几点：一是美国国内有良好的体育传统，体育消费群体大，体育消费能力强；二是门票销售工作做得好，销售渠道畅通；三是有大量的世界各地观众到美国观看奥运会。

　　从零售商品销售中产生的收入大约只占总收入的 2%，虽然占总收入的比例很小，但是，在奥运会筹备工作的早期扮演了关键的角色，为组委会提供了有意义的现金流，因为组委会成立初期，筹备奥运会的资

---

　　① The Atlanta Committee for the Olympic Games，The Official Report of the Centennial Olympiad Gamas，1997.

金还没有到位，也不是十分充足，特别是现金对于开展筹备工作更加重要。

5.1.4 2000 年悉尼奥运会的收入

悉尼奥运会获得的净收入见表 5-3。从表 5-3 中可以看出，电视转播权的收入在组委会收入中所占比例最大，达到 47.4%，赞助方面的收入占 27.3%，但资料中没有将国际奥委会和悉尼奥运会组委会各自在此方面的收入单独列出来，门票销售获得了巨大的成功，收入占总收入的 22.2%，有资料报道悉尼奥运会门票销售了 960 万张，门票销售的收入对于奥运会的成功举办意义重大。由于举办奥运会获得的经济收入数额巨大，使得组委会在产品经销方面获得的收入尽管十分可观，但在总收入中却只占 2.9%。

表 5-3　　　　　　　悉尼奥运会的净收入及占总收入的百分比　　　　单位：百万澳元

收入来源	数额	占总净收入的百分比（%）
赞助	650.7	27.3
电视转播权	1 132.10	47.4
门票	530.3	22.2
其他	3.7	0.2
经销产品	70.2	2.9
总计	2 387.00	100

资料来源：Sydney Organising Committee for the Olympic Games, Official Report of the XXVII Olympiad, Paragon Printers Australasia 13 – 15 Wiluna Street Fyshwick ACT 2609, First Edition.

5.1.5 2004 年雅典奥运会的收入

雅典奥运会的收入见表 5-4。电视转播权的收入所占比重最大，为 27.6%，国际和国内赞助收入占总收入的 25.6%，数额也十分可观，但雅典奥运会收入有以下几点与前 3 届奥运会不同：

表 5 - 4　　　　　　　雅典奥运会组委会的收入及在总收入
中所占的比例　　　　　单位：百万欧元

收入来源	数额	占总收入的百分比（%）
电视转播权	578.7	27.6
国际和国内赞助	536.7	25.6
希腊各州的合同参与	282.5	13.5
财务收入	226.0	10.8
门票	194.1	9.2
经销产品收入	119.7	5.7
食宿服务的供应	113.7	5.4
其他收入	47.0	2.2
总　　计	2 098.4	100

资料来源：Official Report of the XXVⅢ Olympiad.

一是经销产品的收入巨大，在奥运会总收入中所占比例高达
5.7%，大大高于巴塞罗那、亚特兰大和悉尼奥运会在此方面获得的收
入。这是雅典奥运会收入的突出特点，说明组委会在经销产品方面运作
得十分成功。

二是雅典奥运会获得的收入中有包括希腊各州参与贡献的 282.5 百
万欧元，这在前 3 届奥运会的收入中都没有体现出来。

三是雅典奥运会的门票收入与亚特兰大和悉尼奥运会相比，在总收
入中所占的比例要低得多，仅为 9.2%，这说明奥运会在不同的国家举
办，门票的销售数量和定价存在较大的差异。

四是在赞助收入方面，雅典奥运会获得的收入在总收入中所占的比
例也比前 3 届奥运会的比例稍低，也就是说，成为本届奥运会赞助商的
费用相对比前 3 届奥运会要低。

五是电视转播权的收入在总收入中所占比例也比亚特兰大和悉尼奥
运会低，与巴塞罗那奥运会基本相同。这里要注意的是，雅典奥运会组
委会只获得全部电视转播权收入的 49%，所以，从数额上讲相对偏低
一些。

从雅典奥运会收入的数额看，并没有呈现出举办奥运会在市场营销方面获得收入逐渐上升的趋势，这反映在奥运会主要的收入来源方面，诸如电视转播权出售、门票销售和赞助商等方面的收入，与前3届奥运会相比偏低，或基本持平，说明参与本届奥运会市场营销的各个方面并没有过于看好希腊市场，因而，举办奥运会还需要政府投入巨资。

在门票销售方面的收入也不十分理想，一是希腊的人口只有2 000万左右，数量少，而奥运会的门票销售的对象主要是举办国家和举办城市的市民；二是当时欧美有相当数量的观众由于担心恐怖活动的发生，不愿意到希腊观看奥运会；三是尽管希腊作为奥林匹克运动的发源地，但希腊国民，甚至雅典的市民都不看奥运会的比赛，赛前还要靠宣传来促销门票，门票销售收入低也就不足为奇了。另外，客观地讲，希腊的经济水平、人民的生活水平与美国、澳大利亚相比还存在较大差距，门票收入低也是正常的。

5.1.6 近4届夏季奥运会收入的趋势

首先，电视转播权收入是奥运会最主要的收入之一，不仅数额巨大，在举办奥运会所获得的总收入中所占份额也是最大。究其原因：一是奥运会主电视转播商 NBC 提供的资金数额在不断上升；二是欧洲、日本和澳大利亚等国家的电视转播机构购买奥运会电视转播权的费用也在上升；三是参加奥运会电视转播的国家、地区的电视转播机构的数量在快速上升，提高了奥运会电视转播权的总收入。

其次，奥林匹克营销模式的建立，为国际奥委会和奥运会组委会利用奥林匹克知识产权保护和消除隐性市场进行市场开发奠定了完善的组织基础。这主要是通过国际奥委会实施的全球合作伙伴计划和奥运会组委会实施的组委会营销计划，包括合作伙伴计划、赞助商计划、供应商计划和经销商计划等来实现的。

需要注意的是，国际奥委会将出售奥运会的电视转播权获得的收入和实施 TOP 计划获得的收入在奥林匹克大家庭中按比例进行分配，此部分收入是举办奥运会最主要的经济来源，数额巨大，因此，国际奥委会在奥运会的举办过程中占有主导地位。电视转播权收入的数额不断上升，但奥运会组委会获得此部分收入的比例在下降，目前组委会获得的比例为 49%，由于电视转播权收入提高的幅度很大，因此，即便组委会获得收入的比例有所降低，但收入依然在快速增加。

再次，奥运会的门票销售收入在目前看来对奥运会的收入影响很大。奥运会门票销售涉及门票的价格、门票的数量（包括门票的印制数量和销售数量）、门票销售的区域和门票的销售渠道，以及奥运会举办国家的人口数量、体育传统、居民的购买力等多方面问题，这几方面的问题互相联系，相互衔接，可以说，奥运会门票销售获得收入的多少在一定程度上是奥运会组委会工作水平的一个反映，存在较大的弹性。

最后，奥运会组委会从国际奥委会的全球合作伙伴和奥运会组委会合作伙伴中获得的实物产品赞助、服务和支持（VIK）越来越多。以雅典奥运会为例，雅典奥运会获得的 VIK，折合成金额，国际奥委会的全球合作伙伴为此贡献的数额巨大，雅典奥运会组委会在此方面也获得了巨大的收入（见表 5 - 5）。

表 5 - 5　　　　雅典奥运会组委会赞助商提供的 VIK 等价金额

组委会赞助商	预算（欧元）	总结报告（欧元）
OTE	29 347 029	29 347 029
Alpha Bank	19 691 856	19 183 469
DELTA	1 907 556	1 907 556
FAGE	1 467 351	1 467 237
Hyundai	11 929 567	10 996 992
壳牌石油（Shell）	333 966	333 966
KOEP	495 000	495 000
ELTA（Hellenic Post）	5 869 406	5 369 406
ERT（Hellenic Radio & Television）	16 723 111	9 653 236
奥林匹克航空（Olympic Airways）	8 500 000	5 704 082
阿迪达斯（Adidas）	9 070 337	9 070 337
Ticketmaster	2 800 000	2 799 995
Schenker	350 000	350 000
公共电力公司（Public Power Corporation）	30 000 000	29 937 747
总计 VIK	138 485 179	126 616 052

资料来源：Official Report of the XXVIII Olympiad.

亚特兰大奥运会组委会从 TOP III 中也获得了相当于巴塞罗那奥运会 VIK 收入的 4 倍的收入。

5.2

近4届夏季奥运会支出的研究

5.2.1　近4届夏季奥运会的支出概况

根据近4届夏季奥运会的总结报告，近4届夏季奥运会支出情况见表5-6。

表5-6　　　　　　　　　　近4届夏季奥运会的支出

年份	支出 （百万本国货币）	支出 （百万美元）	本国货币兑换 美元的汇率
1992年巴塞罗那	195 236百万比塞塔	2 076.98	比塞塔：美元＝94.0000：1
1996年亚特兰大	1 721.02百万美元	1 721.02	
2000年悉尼	2 015.70百万澳元	1 167.44*	澳元：美元＝1.7266：1
2004年雅典	1 967.8百万欧元	2 368.05	欧元：美元＝0.830979：1
总　计		7 333.49	

资料来源：作者根据各届次夏季奥运会总结报告整理。

注：*表示数据为净支出。

从表5-6可以看到，举办奥运会需要花费巨额资金，近4届奥运会的支出呈现出稳中有升的趋势，研究奥运会支出的目的是为了控制举办奥运会的花费，减少支出。因此，有必要分别研究这4届奥运会的支出，特别是各届奥运会支出的各个组成部分，找出近4届奥运会支出中具有规律性的趋势，为今后奥运会和其他大型体育赛事的成功举办提供依据。

5.2.2　1992年巴塞罗那奥运会的支出

1. 按经济学进行分类

按照经济学的分类，1992年巴塞罗那奥运会的支出见表5-7。巴塞罗那奥运会的支出包括四个方面，即人员支出、服务支出、购买材料支出和投资支出。这种预算计划的特点是雇用服务优先于雇用人员，转让或者租赁材料优先于购买材料或者资产。体现出用于服务方面的支出最多，占全部支出的49.89%。这说明只有提供高质量的服务，才能保证奥运会的正常运行，才能让奥运会的各方面参与者满意。另外，用于投资方面的支出占总支出的33.77%，比例很高，说明举办奥运会在很多方面，诸如体育设施及其辅助设施、城市基础设施等方面的支出十分巨大。

表 5 – 7　　　　　　　　　　　1992 年巴塞罗那奥运会的
　　　　　　　　　　　　　　各项支出及比例　　　　单位：百万比塞塔

支出项目	金额	占总支出百分比（%）
人员	21 919	11.23
服务	97 412	49.89
购买材料	9 974	5.11
投资	65 931	33.77
总计	195 236	100

资料来源：作者根据"COOB'92, S. A. Official Report of the Games of the XXV Olympiad Barcelona 1992. Printing, Binding and Case：Cayfosa Industria Grafico"整理。

2. 按奥运会支出的具体内容分类

1992 年巴塞罗那奥运会的支出见表 5 – 8，主要包括比赛、奥运会开闭幕式、文化活动、新闻、无线电、电视转播、设施及辅助设施、技术、奥林匹克大家庭服务、安保、体育展示、商业管理和支持机构等方面的支出。其中，用于各种设施和辅助设施的支出最大，占总支出的23.49%，其次是用于奥林匹克大家庭方面的支出，占总支出的18.96%，技术方面的支出占总支出的12.70%。

表 5 – 8　　　　　　　　　　　1992 年巴塞罗那奥运会的
　　　　　　　　　　　　　　各项支出及比例　　　　单位：百万比塞塔

支出内容	金额	占总支出的百分比（%）
比赛	14 046	7.19
开闭幕式和文化活动	9 053	4.64
新闻和无线电及电视转播	18 253	9.35

奥 运 会

支出内容	金额	占总支出的百分比（%）
设施及辅助设施	45 865	23.49
技术	24 792	12.70
奥林匹克大家庭服务	37 022	18.96
安保	4 671	2.39
体育展示	7 983	4.09
商业管理	10 681	5.47
支持机构	22 915	11.73
总计	195 236	100

资料来源：作者根据"COOB'92, S. A. Official Report of the Games of the XXV Olympiad Barcelona 1992. Printing, Binding and Case：Cayfosa Industria Grafico"整理。

　　从巴塞罗那奥运会支出的内容看，各种设施的花费依然是举办奥运会最重要的支出。为奥林匹克大家庭提供周到的服务对于奥运会的成功举办非常重要，包括注册、食宿、礼仪、奥运村的运行、信息、交通、医疗和语言服务等方面，可以说这方面的支出是举办奥运会的重要组织支出。技术方面的支出对于规模庞大的奥运会必不可少，包括通信、电子、声像、每日进程和比赛成绩管理等方面的支出，在信息社会，技术方面的支持是保证奥运会日常进行的重要基础，技术科技含量的高低，技术方面投入的大小，对于奥运会的成功举办至关重要。

　　奥运会的核心是进行各项体育比赛，巴塞罗那奥运会用于比赛的经费只占总支出的7.19%，支出的费用大大低于设施投入、奥林匹克大家庭服务、技术和支持机构方面的支出，但需要注意的是，用于视觉形象的体育展示的支出却达到4.09%，说明奥运会的举办方非常注重奥运会的宣传工作，这样既提高了赛场的比赛气氛、运动员的比赛激情、观众的观赛热情，又向世界展示了奥运会举办方的良好形象，这是现在举办奥运会所必须的花费。而近来对于奥运会成功举办非常敏感的安保支出所占比例只有2.39%，应该讲支出的费用较低。

5.2.3 1996 年亚特兰大奥运会的支出

亚特兰大奥运会的支出与收入持平，为 17.21 亿美元，主要的支出包括体育设施建设、技术、运行、主电视转播商、国际关系、运动会服务等方面，各部分支出的比例见图 5-2。

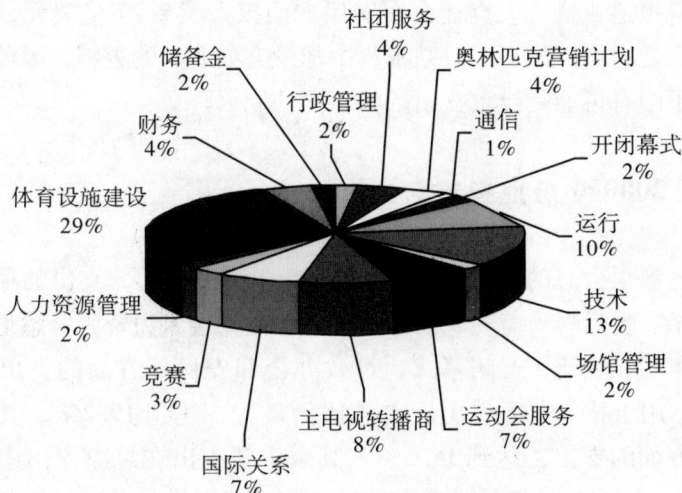

社团服务
4%

储备金
2%

奥林匹克营销计划
4%

行政管理
2%

通信
1%

财务
4%

开闭幕式
2%

体育设施建设
29%

运行
10%

人力资源管理
2%

技术
13%

竞赛
3%

场馆管理
2%

国际关系
7%

主电视转播商
8%

运动会服务
7%

图 5-2 亚特兰大奥运会支出项目的比例

资料来源：The Atlanta Committee for the Olympic Games, The Official Report of the Centennial Olympiad Gamas, 1997.

从图 5-2 中可以看出，亚特兰大奥运会支出中用于体育设施建设方面的支出最多，令人深思的是，像在美国亚特兰大这样的城市举办奥运会，依然需要在体育设施方面投入如此多的资金，从中可以看出：一是奥运会的规模过大，体现在参加奥运会的国家或地区数量、运动员人数（包括不同性别的比例变化）、志愿者人数、新闻记者人数、比赛设项等方面增加，一个举办城市不可能在体育设施方面不加以投入，或投入过少就在比赛场馆方面具备举办奥运会的条件；二是只有为奥运会的比赛建设高水平的体育场馆，才能保证奥运会比赛的高水平；三是奥运会主办方希望利用举办奥运会的契机，通过建设比赛场馆来增加对奥运会举办城市的经济投入，从而带动举办城市的经济发展。

技术方面的支出是亚特兰大奥运会另一项主要的支出,所有的比赛场馆、办公系统、比赛成绩发布、互联网方面的支持、通信和电子等方面无一不需要技术的投入和技术支持。

运行方面的支出在亚特兰大奥运会的支出中排第三位,占总支出的10%。以下依次为运动会服务和国际关系等方面的支出比例较高。而备受关注的安保方面的支出只有 32 743 千美元,只占总支出的 1.9%。尽管有资料报道亚特兰大奥运会在安保方面投入了 2.27 亿美元,但在奥运会结束之后出版的正式总结报告中却没有如此大的数额,因此,计算方式的不同有可能是导致支出数额不同的原因。

5.2.4 2000 年悉尼奥运会的支出

悉尼奥运会总的净运行支出为 2 015.7 百万澳元,支出的项目主要包括技术、奥运村、竞赛、装修、交通、运动会人力资源、悉尼奥林匹克广播组织、物流、开闭幕式、行政办公和安保等方面的支出(见表5-9)。用于技术方面支出所占的比例最大,达到 19.2%,其次是进行装修方面的支出,达到 18.5%,其余主要支出在总净支出中的百分比都没有超过 9%,但是,悉尼奥林匹克广播组织、奥运村运行和竞赛方面的支出较多,所占比例较高,而奥运会在安保方面的支出仅占总支出的 2.1%,与悉尼奥运会巨大的规模(参赛国家或地区为 199 个,运动员总数为 10 651 人,其中男运动员为 6 582 人,女运动员为 4 069人,奥运会设 28 个大项,38 个分项,300 个小项)① 相比,安保方面的花费的确不是很高。

表5-9	悉尼奥运会部分支出及占总净支出的比例	单位:百万澳元

支出的项目	金额	占支出的百分比(%)
技术	386.4	19.2
奥运村	151.4	7.5
竞赛	133.3	6.6

---

① Olympic Games. www.olympic.org, 2006.7.15.

支出的项目	金额	占支出的百分比（%）
装修	373.5	18.5
交通	75.4	3.7
运动会人力资源	70.9	3.5
悉尼奥林匹克广播组织	171.7	8.5
物流	45.8	2.3
开闭幕式	68.5	3.4
行政办公	29.6	1.5
安保	41.5	2.1

资料来源：Sydney Organising Committee for the Olympic Games，Official Report of the XXVⅡ Olympiad，Paragon Printers Australasia 13 – 15 Wiluna Street Fyshwick ACT 2609，First Edition.

5.2.5　2004 年雅典奥运会的支出

雅典奥运会的支出见表 5 – 10。技术方面的支出包括信息技术、通信和能源等，占比例最大，为 17.2%。奥运会运行支出包括交通、食品服务、注册、浪费、管理、场馆运行等方面支出，占比例为 15.7%。奥运会支持方面的支出包括志愿者、培训、食宿、比赛等，占支出的比例是 15.1%，等等。

表 5 – 10　　　　　雅典奥运会的支出及在总支出
中所占的比例　　　　　　单位：百万欧元

支出的项目	金额	百分比（%）
技术	338.8	17.2
奥运会运行	309.6	15.7
奥运会支持	298.0	15.1
奥运会和残奥会装修花费	190.2	9.7
奥运会电视转播信号的制作和传输	171.7	8.7

续表

支出的项目	金额	百分比（%）
火炬接力，开闭幕式和文化活动	133.4	6.8
管理服务	101.4	5.2
残奥会花费	99.4	5.1
财务服务和物流	93.5	4.8
市场计划和推广支持（包括门票、赞助、经销产品、网站）	92.4	4.7
体育展示和推广	69.8	3.5
国际奥委会和希腊奥委会权益	69.6	3.5
总　　计	1 967.8	100

资料来源：Official Report of the XXVⅢ Olympiad.

雅典奥运会的支出与前 3 届奥运会相比有以下几个特点：

一是在奥运会的支出中没有将安保方面的支出单独列出来。而这与多方面报道中认为的雅典奥运会在安保方面投入超过 12 亿欧元，相当于 15 亿美元巨资存在很大的差异。

二是与前 3 届奥运会相比，雅典奥运会在奥运会和残奥会设施及装修方面的支出要小得多，仅占总支出的 9.7%。

三是在奥运会电视转播方面的支出，雅典奥运会比巴塞罗那奥运会占总支出的比例低，但稍高于亚特兰大和悉尼奥运会。

四是用于雅典奥运会开闭幕式和文化活动方面的经费比例相比前 3 届奥运会提升幅度很大，说明希腊作为奥林匹克运动的发源地非常重视奥运会文化内涵的挖掘，通过举办文化活动和开闭幕式来扩大国家的影响。

五是举办残奥会的花费在总支出中所占比例高，为 5.1%，1992 年巴塞罗那奥运会举办残奥会的支出仅占总支出的 3.2%，而 1996 年亚特兰大和 2000 年悉尼奥运会的支出中没有单独将举办残奥会的支出列出，说明雅典奥运会在注意对奥运会投入的同时，对残奥会也非常重视，投入巨大。

5.2.6　近 4 届夏季奥运会支出的趋势

首先，举办奥运会在比赛设施方面的投入数额巨大，在奥运会总支出中所占的比例高。亚特兰大奥运会在此方面的支出超过 494 百万美元，占总支出的 29%。

其次，技术方面的支出数额大，在举办奥运会总支出中所占比例呈逐渐上升趋势（见表 5 – 11）。说明高质量的奥运会离不开高水平的技术支持，特别是在奥运会的筹备和比赛期间，用于计算机、互联网和比赛成绩运行系统等方面的花费。

表 5 – 11　　　　近 4 届奥运会技术方面的支出及在总支出中的比例

届次	金额	占总支出的比例（%）
1992 年巴塞罗那	24 792 百万比塞塔	12.70
1996 年亚特兰大	218.983 百万美元	12.72
2000 年悉尼	386.4 百万澳元	19.17
2004 年雅典	338.8 百万欧元	17.2

资料来源：作者根据相关届次奥运会总结报告资料整理。

再次，奥运会的安保问题越来越引起世人的关注，有报道说雅典奥运会在安保方面投入 12 亿欧元，相当于 15 亿美元，亚特兰大奥运会也投入 2.27 亿美元，但在其各自赛后的总结报告中安保方面的支出相当有限，雅典奥运会的总结报告中甚至没有将安保支出单独列出来，这说明安保方面的支出非常难以计算，在奥运会筹备和举办期间很难区分哪些方面的支出是用于奥运会的，哪些方面的支出是用于奥运会举办城市的，因为这两者之间有极强的关联性。同时，对于奥运会而言，真正好的安保是既让举办城市市民、运动员、随队官员、观众、记者、游客等各方面群体觉得宽松、舒适，又能够保证各类人群的绝对安全，安保工作对于奥运会的成功举办至关重要，特别是在"9·11"恐怖袭击事件之后。

最后，用于举办奥运会的开闭幕式、文化活动、火炬接力和体育展示等方面的支出呈现上升趋势。巴塞罗那奥运会文化活动和开闭幕式的支出为 9 053 百万比塞塔，体育展示的支出费用是 7 937 百万比塞塔，两项合计占总支出的比例为 8.7%。亚特兰大奥运会开闭幕式支出占奥运会总支出的 1.5%。悉尼奥运会支出 118.5 百万澳元，占总支出的比例为 5.9%。雅典奥运会这几方面的支出则高达 203.2 百万欧元，占总支出的比例为 10.3%。

5.3
近 4 届奥运会财务状况的审视

5.3.1 奥运会的财务状况是动态的、变化的

奥运会的财务状况在申办、筹备、举办奥运会的过程中始终是处在一个动态的、变化的过程中，不是一成不变的，以 1992 年巴塞罗那奥运会的财务状况为例（见表 5－12 和表 5－13），表 5－12 是 1985 年巴塞罗那奥运会组委会的预算，表 5－13 是巴塞罗那奥运会筹备过程中的财务预算。从中不难发现，奥运会最后的财务状况与申办奥运会的财务预算都有较大的变化，原因在于奥运会的规模过大，涉及的领域过多，筹备时间过长，期间不可控制的变量太多。因此，在分析奥运会财务状况时，要动态地、发展地看待各届次奥运会的收入和支出。

表 5－12　　　　　　巴塞罗那奥运会组委会 1985 年的预算

收入来源	金额（百万比塞塔）	数额（百万美元）
特有的收入	**70 212**	**438.8**
门票	2 895	18.1
奥运村的食宿	735	4.6
节目、海报和印刷	225	1.4
赞助商收入	15 000	93.7
无线电和电视转播权	46 900	293.1
提供服务	4 457	27.9
参与	**20 710**	**129.4**

续表

收入来源	金额（百万比塞塔）	数额（百万美元）
彩票	7 000	43.7
赌注游戏	7 750	48.4
纪念币	4 970	31.1
邮票	990	6.2
转账	**9 500**	**59.4**
各国家	9 500	59.4
其他收入	**6 299**	**39.4**
出售资产	6 299	39.4
总　计	106 721	667.0

资料来源：COOB'92, S. A. Official Report of the Games of the XXV Olympiad Barcelona 1992. Printing, Binding and Case：Cayfosa Industria Grafico.

表 5－13　　　　1992 年巴塞罗那奥运会筹备过程中的财务预算　　单位：百万比塞塔

年度 收入来源	1989	1990	1991	1992	决算
特有的收入	**122 980**	**130 770**	**126 352**	**132 408**	**147 151**
赞助商收入	66 241	67 137	55 100	54 906	58 152
经销产品收入	2 712	4 908	4 922	1 549	1 534
无线电和电视转播权	42 608	44 860	46 094	50 758	54 164
门票	7 012	8 050	11 100	11 298	9 454
食宿	1 907	3 200	4 176	4 342	8 866
提供服务	2 500	2 615	4 960	9 555	14 981
参与和捐款	**35 215**	**38 147**	**40 826**	**44 363**	**46 349**
出售资产	**900**	**1 300**	**2 300**	**2 775**	**2 094**
总　计	159 095	170 217	169 478	179 546	195 594

资料来源：COOB'92, S. A. Official Report of the Games of the XXV Olympiad Barcelona 1992. Printing, Binding and Case：Cayfosa Industria Grafico.

奥运会

5.3.2 奥运会的财务状况由最初的预算收支平衡到奥运会举办之后决算的略有盈余

以 1992 年巴塞罗那奥运会为例，1985 年组委会制定的奥运会预算中，财务状况是收支平衡的，而奥运会举办之后的财务决算则实现了略有盈余（见表 5 – 14）。

表 5 – 14　　　　1992 年巴塞罗那奥运会财务状况的变化　　单位：百万美元

	1985 年预算	奥运会后决算
收入	667.0	2 080.79
支出	667.0	2 076.98
盈亏	0	3.81

资料来源：作者根据"COOB'92，S. A. Official Report of the Games of the XXV Olympiad Barcelona 1992. Printing，Binding and Case：Cayfosa Industria Grafico"整理。

从表 5 – 14 中可以看出，组委会在制定预算时对奥运会获得的收入估计得比较保守，而且与奥运会的财务决算差距较大，这一方面反映出奥运会自身具有极强的"造血机能"，可以获得巨大的经济收入，同时，也反映出奥运会的组织者对预算估计得比较保守，为自己的工作留有余地，力争在筹备过程中多争取来自各方面的资金，把奥运会办好。奥运会财务预算中的收支平衡无论是对于公众，还是对于政府中反对举办奥运会的人士都具有很强的说服力，而决算的略有盈余一方面不用向国际奥委会返还过多的盈余资金，另一方面对于公众也是一个很好的交待。

5.3.3 收入和支出的数额尽管不同，但收入的主要来源和支出的主要项目基本相同

尽管各届次奥运会在收入和支出方面的数额存在明显的不同，可以说，各个国家的情况不同，举办奥运会的收入有多有少，支出有大有小，但收入主要来自于国际奥委会的资助和奥运会组委会的市场营销计

划收入。国际奥委会的资助主要包括电视转播权的收入和实施奥运会全球合作伙伴计划的收入，这两部分收入按比例进行分配。奥运会组委会的市场营销计划收入主要包括合作伙伴、赞助商、供应商和经销商计划的收入，以及出售奥运会门票的收入。

这 4 届奥运会的支出主要是用于体育设施及维修方面的支出，即工程支出中的直接支出；用于技术、竞赛、交通、安保、物流、奥运村、电视转播等方面的支出，称为组织支出，而举办奥运会用于城市基础设施方面的支出，即工程支出中的间接支出都没有在奥运会财务决算中体现出来。

了解近期举办奥运会的收入来源和支出去向，对于北京筹备、举办奥运会，对于中国今后举办其他大型体育赛事有非常重要的意义。明确收入的来源，一是可以探讨如何在这些方面获得更多的收入，二是可以研究在允许的前提下增加收入的渠道；明确支出的去向，可以在赛事的筹备和举办过程中减少各部分的支出。以 2000 年悉尼奥运会为例，悉尼奥运会收入和支出的项目见表 5 - 15。

表 5 - 15　　　　　　2000 年悉尼奥运会收入和支出的项目

收入项目	支出项目
赞助、电视转播权、门票收入、经销产品收入、其他收入	行政办公、通讯和公共关系、财务、社团服务、风险管理、立法、媒体、门票、商业计划、赞助、经销产品、一般行销、形象、奥林匹克艺术节和特殊活动、技术、互联网、命令、控制和通讯、运动会服务、交通、安保、食宿、场馆及其区域—组委会运行、综合运行、获得/物流、奥运村、各州间足球赛、竞赛、火炬接力、计划管理、运动会人力资源、注册、场馆运行—国家奥委会、观众服务、公共饮食业、清洁、废水和洗衣、装修、开闭幕式、悉尼奥林匹克广播组织、凭单/资产处置收入、固定偿付、增加的津贴、意外事故、结尾工作的花费

资料来源：Sydney Organising Committee for the Olympic Games, Official Report of the XXVⅡ Olympiad, Paragon Printers Australasia 13 - 15 Wiluna Street Fyshwick ACT 2609, First Edition.

5.4
北京 2008 奥运会财务状况的几点思考

5.4.1 北京奥运会的收入

首先，截至 2007 年 4 月 30 日，北京奥运会的主要收入可以说已经基本确定。这主要是电视转播权早已经出售，国际奥委会第六期全球合作伙伴计划确定 11 家企业，组委会合作伙伴确定 11 家企业①，这些方面获得的收入是举办奥运会最主要的收入，这些收入已经确定。电视转播权出售达到 18 亿美元左右，北京奥组委获得其中的 49%，国际奥委会第六期全球合作伙伴计划（TOP Ⅵ），每家企业将赞助 6 000 万美元左右，组委会将获得其中的 33%，这是按固定的分配比例进行的，可以说已经不具备增加此方面收入的弹性。

而目前组委会的合作伙伴和赞助商也基本确定，由于时间距离奥运会的举办越来越近，获得新的赞助企业的机会也不会很大，即便获得新的赞助商，考虑到时间的关系，也不会获得较高的经济收入。

其次，还有一个重要的获得收入的来源，就是北京奥运会的门票收入。但正像奥运产品一样，门票的定价出现对于国内观众价格较高、对于国外观众价格较低的情况，例如，开幕式的最低票价仅为 200 元人民币，最高票价为 5 000 元人民币，篮球比赛的门票价格最高也仅为 1 000元人民币，如果不在门票销售的数量上有所增加的话，应该讲门票收入的金额也不容乐观。而且，目前门票销售的办法比较复杂，对于主要场次的门票销售，此方法尚可，而对于大多数场次的门票销售，此方法过于繁琐，可能会对门票销售出现负面影响，从而影响到北京奥运会的收入，因此，要适当简化门票的销售手续，增加门票的销售渠道，并适当提前买票。要通过门票的销售，培养体育消费群体，为今后中国举办其他大型体育赛事打好基础。

再次，组委会在其开发的各种纪念品，诸如吉祥物、邮票、纪念币

---

① 第 29 届奥林匹克运动会组织委员会. 北京 Beijing 2008，ISSUE 国际体育大会特刊，2007.

和纪念章等的销售过程中，要坚决控制各单位的公款消费。这样组委会获得的收入是依靠市场获得的收入，可以用来筹备、举办奥运会，而如果是公款消费这些奥运产品，组委会获得的收入只不过是从国家的一个口袋装到另一个口袋去了。应该通过举办奥运会提高全社会办体育的意识，提高举办大型体育赛事的市场化程度。

最后，北京奥运会组委会要合理、适当地使用赞助商提供的各种产品、技术和服务，即 VIK，保证奥运会筹备工作的顺利进行和奥运会的成功举办。

5.4.2　北京奥运会的支出

根据《北京奥运会申办报告》和《2008 年第 29 届奥林匹克运动会主办城市合同》，北京奥组委在严格遵守对国际奥委会和奥林匹克大家庭的各项承诺的前提下，应该尽可能缩减举办奥运会的支出，主要包括：

第一，严格控制奥运会比赛场地、比赛场地的辅助设施和北京城市基础设施建设的经费。

第二，严格控制奥运场馆周围绿化方面和环境保护方面等的支出，这部分支出如果没有计入举办奥运会的支出，就更应该严格加以控制。

第三，奥运会的各项比赛的训练场馆的改建、扩建等的支出要严格加以控制，满足奥运会相关项目的训练的基本条件即可。

第四，控制在人事培训——包括志愿者培训、体育出版物——等方面的花费。

第五，尽可能减少奥运会筹备期间举办大型文艺活动的次数，以便减少这方面的支出。

第六，坚决控制筹备奥运会和举办奥运会期间的各种隐性支出，特别是在政府投入、人员配备、安保、交通、住宿和餐饮等方面的隐性支出。在安保方面要处理好，既保证奥运会的安全举办，又不能出现全民皆兵的情况。交通、餐饮等各方面的服务要到位，但这种到位是按照申办报告和举办城市合同的规定进行的，不能为了舆论方面的影响，提供过于热情的、超过接待标准的服务而增加成本。

第七，控制组委会外出考察和邀请相关国际体育组织人员来华考察的数量，降低成本。

第八，奥运会筹备期间举办的测试赛和其他活动，测试水平过高，特别是对于以前中国、北京已经多次举办过的项目，如乒乓球、跳水、射击、体操等，这样将增加组委会的组织支出。

第九，树立筹备、举办奥运会的成本意识和风险意识，把北京奥运会真正办成一届有特色、高水平的奥运会。

第 6 章

北京 2008 奥运会财务风险的风险源、风险因素与突发事件

北京 2008 奥运会作为中国举办的规模最大的体育盛会和文化盛会，受到各方面的广泛关注，在长达 7 年的筹备和举办过程中，存在各种各样的风险，对存在的风险进行规避的过程就是风险管理的过程，但前提是应该知道举办奥运会风险源在哪里，什么风险因素会致风险的发生，这样才能在筹备和举办过程中有的放矢。本章的目的在于找出北京 2008 奥运会的风险源，针对这些风险源可能导致的各种风险事件的原因（风险因素）进行防范，保证北京 2008 奥运会的成功举办，同时，为中国或其他国家今后举办大型体育赛事和文化活动提供有益的借鉴。

6. 1

风险与风险管理

当一个组织即将对未来的安排做出决策的时候，往往需要一定程度的预测作为决策基础，组织需要这种预测具有一定的准确性，因为这样会使我们觉得安全，决策的选择也会比较好判断。但世界万物虽有其遵循的运动规律，它们之间却往往相互影响、相互制约，关系错综复杂，很多情况下，人类无法对其运动的结果给出一个唯一的判断，也就是说，很多事物常常表现为不确定的变化形式，这种不确定性就是风险，

在风险成本最小化的前提下对风险进行管理就是风险管理。这里，对风险和风险管理的理论做一个概述。

6.1.1 风险原理

1. 风险的主要学说

由于各个领域都会面临风险，人们对风险定义的角度各有不同，从而产生了风险的不同学说，归纳起来有以下几种：

（1）风险客观说。

持风险客观说的学者认为，风险是客观存在的损失的不确定性，在对风险事故进行观察的基础上，可以用统计观点以客观概率对这种不确定性加以定义并用来测度其大小。

（2）风险主观说。

风险主观说并不否认风险的不确定性，但认为个人对未来的不确定性的认识与估计会同个人的知识、经验、精神和心理状态有关，不同的人面对相同的事物时会有不同的判断，因此，所谓风险的不确定性是来自于主观的。[①] 例如，实践中，我们经常会遇到这样的情况，一个人认为某项体育赛事在筹备过程中可能会遇到一些困难，而另一个人则认为这项比赛会一帆风顺。同样一个评价对象，不同的人也许会有不同的认识。

（3）风险因素结合说。

该学说着眼于风险产生的原因与结果，认为人类的行为是风险事故发生的重要原因之一，此外，正是由于人类及其财产的存在，风险事故才会造成损失，才能称为风险，因此，"风险是每个人和风险因素的结合体"，事故的发生及其后果与人为因素有着极为复杂的互动关系。

2. 风险的概念

综合上述关于风险的界定，风险可以定义为：特定客观情况下，特定期间内，某一事件发生结果的不确定性。

---

① Renn, O., Concepts of Risk: A Classification, In: Krimsky, S. and Golding D. ed., Social Theories of Risk, Westport: Praeger, 1992, p. 53~83.

风险是客观存在的，只是由于风险评估者自身的认知、风险承受能力、风险态度等方面的不同，风险印象才会有所不同。

6.1.2　风险管理的内涵与步骤

1. 风险管理的内涵

风险管理是指各经济单位通过风险识别、风险评估，在此基础上优化组合各种风险管理技术，对风险实施有效的控制和妥善处理风险所致损失的后果，以期以最小的成本获得最大的安全保障。

风险管理的目标并不是要将风险减少到最小，甚至消除，而是将风险成本降到最低。

风险成本指的是风险给我们带来的成本，包括风险发生的成本和风险存在的成本。风险发生的成本是指风险事故一旦发生，所导致的直接损失和间接损失；风险存在的成本是指由于人们对风险可能造成的损失担忧，为了减少这种担忧，在事先所采取的防范措施的成本，包括损失控制成本和损失融资成本。

2. 风险管理的步骤

风险管理是一个周而复始的过程，它可以分为如下五个步骤：

（1）制定风险管理计划。

在风险管理计划中，明确本单位风险管理的目标以及各部门人员的职责。

（2）风险识别。

风险识别就是识别出所面临风险的类别、形成原因并分析其影响，如识别一项体育赛事都面临哪些风险。风险识别是风险管理中最重要的一环，没有识别出风险，就根本谈不上后面的风险评估，也就无法对风险进行管理了。

（3）风险评估。

风险评估是指在风险识别的基础上，估算损失发生的频率和损失幅度，并依据个人的风险态度和风险承受能力，对风险的相对重要性以及缓急程度进行分析。在识别出体育赛事的风险之后，就要根据各种历史数据及专家经验，评估这些风险的大小，以便为后面风险管理措施的选择提供依据。

（4）风险管理措施的选择。

根据风险评估的结果，本着风险成本最小化的目的，经济主体设计并选择恰当的风险管理措施。

在实践中，通常将几种风险管理措施进行一定的优化组合，使得在成本最小的情况下达到最佳的风险管理效果。

（5）措施的实施与效果评价。

措施实施后并不等于风险管理就告一段落，还必须对其实施的效果进行评价。评价的目的主要有两个：一是为了考察是否达到预先设定的标准，二是为了适应新的变化。

首先，先前所做的风险管理决策有时是错误的，一些措施在执行中可能存在很大的困难，在效果评价的时候，这些问题就会暴露出来，从而有助于尽快进行调整。其次，当前最佳的风险管理决策，并不见得以后也是最佳，原因主要是：一是风险是不断变化的，人们对风险的认识水平具有一定的阶段性；二是风险管理技术处于不断完善的过程中。

因此，对风险识别、风险评估以及风险管理措施的适用性和收益性进行定期检查，及时了解过去一段时间的工作绩效，发现执行中的困难及新的风险，进而调整既定的决策以适应新环境，是相当重要而且必要的。也就是说，整个风险管理工作并不是直线型的，而是上述步骤周而复始地循环。[①]

北京2008奥运会的风险管理计划实施过程中，要不断检查与总结，图6－1显示了检查与评价在整个风险管理过程中的重要作用。

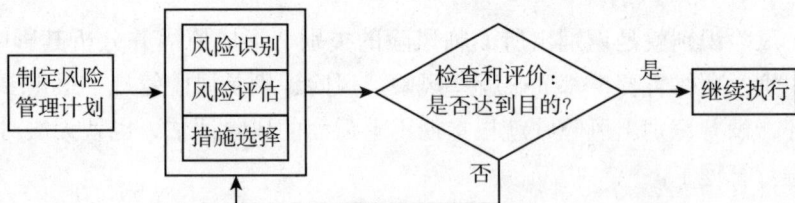

图6－1　检查与评价在奥运会风险管理中的作用

———————————

① 刘新立：《风险管理》，北京大学出版社2006年版。

本章将对北京 2008 奥运会面临的财务风险进行识别，并深入剖析其风险源、风险因素及突发事件。在后面两章中，将分别进行财务风险的评估和风险管理措施的研究。

6.2
北京 2008 奥运会的财务风险识别

6.2.1　北京 2008 奥运会财务风险的内涵

北京 2008 奥运会面临的财务风险指的是在北京 2008 奥运会的筹备和举办过程中，主办方所面临的财务方面的不确定性。

财务风险有狭义与广义之分，狭义的财务风险仅指市场风险，即由于利率、汇率等市场因素的不确定变动而引起奥运会财务收支的不确定性，广义的财务风险不仅包括了狭义的市场风险，而且涵盖间接可能引起财务收支不确定变动的风险。实际上，奥运会所面临的风险，很多都会最终体现在财务上。例如比赛场地器械的财产损毁风险，虽然风险事故的发生直接造成的是财产价值的减少或灭失，但究其根源，将会导致奥运会主办方在支出上承受了超乎预期的部分。又如，北京 2008 奥运会面临的一些风险已经进行了投保，例如财产风险、人身风险、责任风险、赛事取消风险等，但这些风险的大小直接决定了保险费的多少，而保险费是在财务支出中体现的，因此，这些投保了的风险似乎已经没有了不确定性，一旦出现会由保险公司承担经济补偿，但由于保险费中已经体现了经济补偿的期望额度以及预期的偏差，这类风险的增大也会导致投保时保费增加，所以，这些风险最终还是由奥运会主办方承担了一部分。此外，如果有免赔额，则免赔额之内的损失是由组委会来承担的，超出保险金额的损失亦是如此。因此，从这个角度来说，本研究针对的是广义的财务风险，如图 6 - 2 所示。

北京 2008 奥运会面临的财务风险意味着财务上的不确定性，这种不确定性是客观存在的，不以人的意志为转移。例如，由于天气变化、运动员受伤、球迷骚乱事件、体育器械损坏、火灾或其他自然灾害等，使得主办方在筹备和举办比赛的过程中会面临许多不确定的因素，这些无法预料的事件使得实际情况和赛事举办方的财务期望目标产生了一定的差异，可能给举办方带来种种损失。同时，这些风险也并不仅仅意味

```
                    ┌─────────────────────────────┐
                    │         广义                 │
                    │ ┌─────────────────────────┐ │
                    │ │ 北京2008奥运会财务风险    │ │
                    │ └─────────────────────────┘ │
                    └─────────────────────────────┘
                        ↑                    ↑
              ┌──────────────┐      ┌──────────────┐
              │   收入减少    │      │   支出增多    │
              └──────────────┘      └──────────────┘
                    ↑                    ↑
         ┌──────────────────┐   ┌──────────────────┐
         │  狭义的财务风险   │   │ 其他间接的财务风险 │
         └──────────────────┘   └──────────────────┘
```

汇率变动 赞助商违约 隐性支   ……   保费增加 保险金额   ……
                      出过大   之外的赔偿

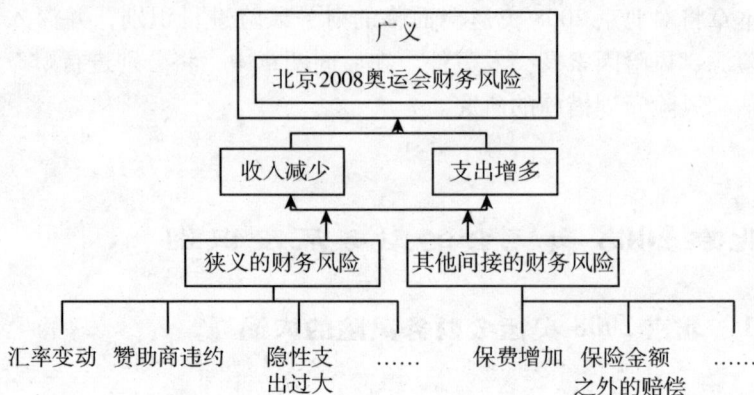

图 6 - 2   北京 2008 奥运会财务风险的内涵

着损失，有的风险也可能导致获利，如市场汇率向不利的方向变动时，可能带来损失，反之，则可能带来收益。

根据风险损失作用对象的不同，北京 2008 奥运会面临的财务风险可以分为财产风险，人身风险，责任风险，赛事取消、中断或推迟风险及市场风险五个主要类型，其中，前面四类都属于间接的财务风险。风险分类及主要成因如图 6 - 3 所示。

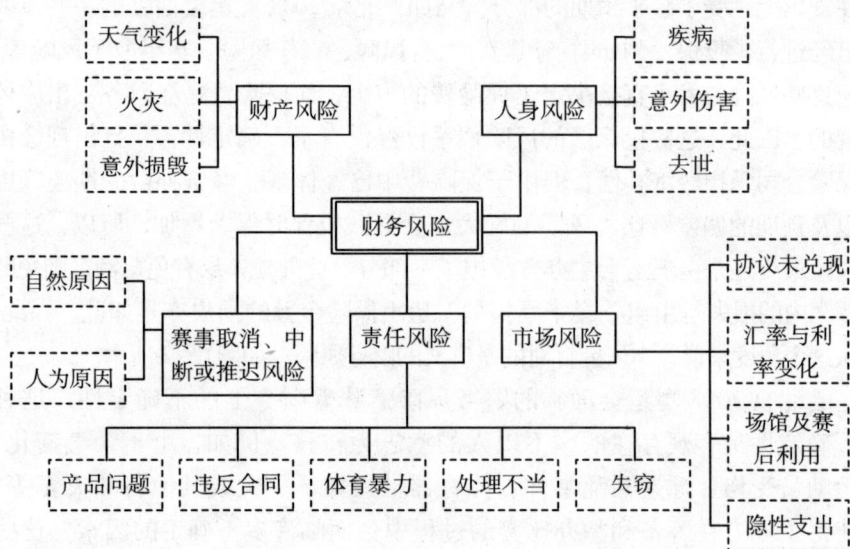

```
┌──────┐                                          ┌──────┐
│天气变化│──┐          ┌──────┐   ┌──────┐      ┌──│ 疾病 │
└──────┘  │          │      │   │      │      │  └──────┘
┌──────┐  ├──────────│财产风险│   │人身风险│──────┤  ┌──────┐
│ 火灾 │──┤          └──────┘   └──────┘      ├──│意外伤害│
└──────┘  │                                    │  └──────┘
┌──────┐  │                                    │  ┌──────┐
│意外损毁│──┘              ┌────────┐            └──│ 去世 │
└──────┘                  │ 财务风险 │               └──────┘
                          └────────┘                  ┌──────────┐
┌──────┐       ┌──────────────┬──────┬──────┐       ┌─│协议未兑现 │
│自然原因│──┐   │              │      │      │       │ └──────────┘
└──────┘  ├──│赛事取消、中断│责任风险│市场风险│───────┤ ┌──────────┐
┌──────┐  │  │或推迟风险    │      │      │       ├─│汇率与利  │
│人为原因│──┘  └──────────────┘──────┘──────┘       │ │率变化    │
└──────┘                                           │ └──────────┘
      ┌──────┐┌──────┐┌──────┐┌──────┐┌──────┐    │ ┌──────────┐
      │产品问题││违反合同││体育暴力││处理不当││ 失窃 │    ├─│场馆及赛  │
      └──────┘└──────┘└──────┘└──────┘└──────┘    │ │后利用    │
                                                   │ └──────────┘
                                                   │ ┌──────────┐
                                                   └─│隐性支出  │
                                                     └──────────┘
```

图 6 - 3   北京 2008 奥运会面临的财务风险及其主要成因

6.2.2　市场风险

市场风险是指由于各种市场因素的不确定性，使得奥运会举办的资金收入与支出在时间、规模、结构上不匹配而导致损失的风险。导致市场风险的因素主要有市场营销、利率与汇率、门票销售、场馆及赛后利用、隐性支出等。

1　市场营销

与奥运会主办方达成协议的客户、供应商和赞助商因破产、毁约或不履行义务等原因使协议未能兑现，使得原计划的收入不能实现。

2. 利率与汇率

在当前利率市场化以及人民币升值的预期下，由于利率和汇率的不确定变动而导致收入减少或支出增大。

3. 门票销售

由于各种原因，奥运会门票销售未达预期水平，使得收入减少。

4. 场馆及赛后利用

由于场馆调整或赛后利用等方面的不到位，导致可能的支出增加或赛后比赛场馆利用不佳。对于赛后比赛场馆利用不佳来说，虽然这种风险是在奥运会举办之后才可能发生，但从奥运会工程支出的角度来说，赛后不能很好利用，也是资金的一种无效使用，这种资金的无效使用在奥运会筹备过程中就决定了。

5. 隐性支出

北京 2008 奥运会申办报告中，列出了组委会的支出预算，没有列在此预算中的支出，即为隐性支出，这里包括两部分，一部分为非组委会的支出，另一部分是在筹备和举办奥运会的过程中在人力、土地、政策、安保、税收等给举办奥运会提供的支持。非组委会支出的风险在于由于投入数额过大，容易造成社会上一部分人的不理解或不满。同时，此部分支出把为举办奥运会所必须兴建体育场馆和奥运村方面的支出也列入在内,而国际上通常将此部分作为举办奥运会的工程支出中的直接支出,记为举办奥运会的组委会支出预算。另外,北京 2008 奥运会和残奥会将招募 10 万名志愿者,奥运会期间还将有无数的警务人员、各兵种的军事人员、举办城市的环保人员等为奥运会的举办提供无私的奉献,有可能也会发生额外的支出。

6.2.3　间接的财务风险

间接的财务风险包括财产风险,人身风险,责任风险,赛事取消、中断或推迟风险。

1. 财产风险

财产风险是指用于体育比赛的场馆、设施和器材等遭受损毁的风险。财产损毁最终将导致奥运会主办方的支出增加。

财产风险的潜在原因包括自然因素(如天气变化、水灾、火灾和地震等)和人为因素(如空中飞行物掉落等)。例如,1985 年 5 月 29日,在比利时布鲁塞尔海瑟尔体育场进行的欧洲冠军杯决赛中,利物浦队与尤文图斯队的球迷发生骚乱,导致看台倒塌。看台倒塌造成的损失就属于财产风险损失。①

2. 人身风险

奥运会所涉及的人身风险主要是人身意外伤害风险,是指赛事各方人员,如运动员、教练员、随队官员、裁判员、国际奥委会或国际单项体育联合会的官员及其家属、工作人员、志愿者、媒体记者、观众及其他人员因意外事件而遭受身体损伤的风险。奥运会相关人员的身体意外伤害,一方面可能导致支出增多,如主办方将会承担的救治费用,另一方面还可能导致收入减少,例如明星运动员因意外没有如期参赛,可能会影响门票的销售。

比赛时运动员或裁判员的滑倒、绊倒及跌落等可能造成人身伤害,

---

① 纪宁、巫宁:《体育赛事的经营与管理》,电子工业出版社 2004 年版。

如赛车、登山、蹦极等参赛选手由于事故而丧生。2005年达喀尔汽车拉力赛中有5名车手死于比赛途中的翻车等事故，2006年达喀尔拉力赛中又有一名澳大利亚的摩托车选手和一名儿童观众死于本项赛事，使得本项比赛历史上死于比赛途中意外事故的人数达到50名。

3. 责任风险

责任风险是指由于违反责任而对受害方进行赔偿的风险。类似的，责任风险的影响也包括两方面，一方面是意外支出增多，另一方面，可能由于声誉受损而导致门票销量下滑。

责任风险的成因有很多，所有奥运会主办方应该负责的因素都包括在内，比较常见的有：

（1）体育器械不合格或意外损坏。

如奥运会比赛场馆中的照明设备停止工作，或意外损坏的体育器械给奥运会参赛运动员造成伤害等，如撑竿跳高比赛用的撑杆折断伤害到运动员。

（2）失窃。

失窃是体育赛事中很容易发生的事情，如运动员在比赛中使用的比赛器材或其他物品在驻地或奥运会主办方设置的体育器材储藏室丢失等，对此，奥运会举办方应负有责任。

（3）违反合同责任。

奥运会主办方违反合同可能引发冲突，造成人身伤害，导致损失。

（4）体育暴力等侵害性人身攻击。

这里的人身攻击包括抓住、绊倒、殴打对方球员、互撞，以及球迷向运动员、裁判员或官员投掷物品等。2004年美国NBA比赛，在底特律活塞队的主场发生了著名的"奥本山宫殿事件"，活塞队球迷布莱恩特·杰克逊向他人扔椅子，约翰·格林将装满啤酒的塑料杯扔向阿泰斯特，3名球迷向步行者队球员的脸部扔塑料杯和泼饮料，事后，他们都被控告攻击他人。[①]

（5）管理不善。

奥运会主办方的组织监督管理不当等都可能造成人身伤害事故

---

① 《奥本山宫殿群殴事件新进展 十名嫌疑人遭到起诉》：2004年12月10日，搜狐网。

（董杰、刘新立、宋璐毅，2005）。足球场看台坍塌造成大量人身伤亡以及球迷冲击赛场并被挤压致死的事件中，奥运会主办方都因负有法律责任而需进行赔偿。例如，1902年，英国的伊伯利克斯的体育馆由于看台倒塌导致26人死亡，在同一个场地，1971年又由于体育馆出口拥挤导致更为严重的66人死亡的事故。与看台倒塌造成的财产损失不同，这里的责任风险指的是赛事举办方要负责的人员伤亡损失。

（6）恶作剧。

1996年亚特兰大奥运会出现多起电力事故，而且在乒乓球比赛期间两个工作人员打赌，一人问另一人敢不敢将电闸拉下，拉下电闸就给钱，另一人果然将电闸拉下，而且拉了几次。尽管比赛后该人被判刑，但造成的后果已经无法挽回。

（7）设备瘫痪。例如，由于比赛规模大，对通信及IT等技术的使用要求高，如果突然出现系统瘫痪，就会发生大量额外花费。

4. 赛事取消、中断或推迟风险

赛事取消是指由于各种原因，使得预定的奥运会比赛不能按计划进行。赛事中断是指比赛过程中由于各种原因出现比赛间断，但经过协调使比赛继续进行并完成比赛。赛事推迟是指比赛没有按照竞赛日程如期进行，比赛开始时间延后。

导致赛事取消、中断或推迟的原因可以分为自然原因和人为原因两类。自然原因可能导致奥运会比赛被取消、中断和推迟，例如，天气骤变可能会使得奥运会赛事临时取消，如一场突降的大雪可能使数万名观众无法出行观看奥运会某项比赛。2003年，由于中国部分城市突然爆发"非典"的原因，使得当年在国内举行的女足世界杯比赛和其他一些比赛被迫取消。人为原因也可能导致赛事被取消。例如，1916年，由于第一次世界大战，当年的奥运会被取消。同样原因，1940年和1944年的奥运会也由于第二次世界大战而被取消。

6.3
北京2008奥运会财务风险的动态风险模型

识别出上述风险之后，关键还要对这些风险进行深入分析，探讨风险的形成机理。任何风险都有一个发生发展的过程，本书从动态的角度构建了奥运会财务风险的动态风险模型（如图6-4所示）。在模型中，将奥运会面临的财务风险的形成过程分解为风险源、风险因素、危险状态、突发事件和风险结果五个环节，该模型揭示了奥运会财务风险的形成机理，从上述各个方面的具体评述中可以掌握风险的形成过程，为后面的风险评估及风险管理措施的选择提供依据。

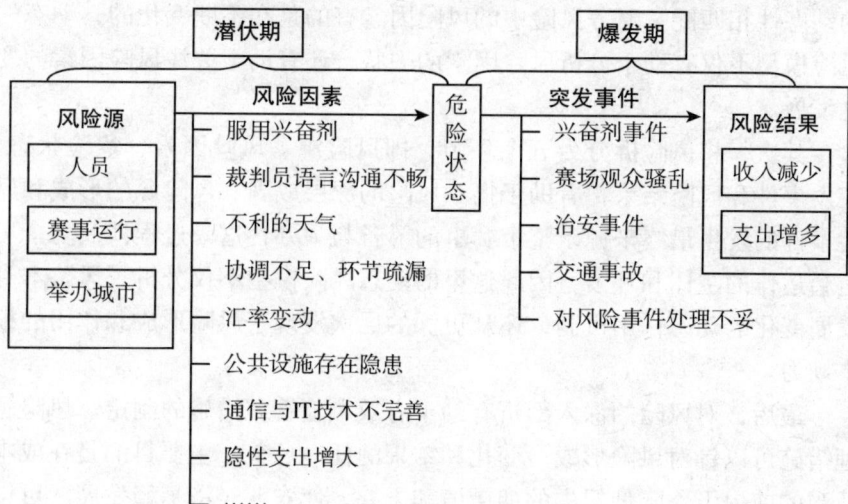

图6-4　北京2008奥运会财务风险的动态风险模型

在动态风险模型中，风险源指的是风险的来源，即可能导致奥运会财务风险的各个方面。结合北京2008奥运会的规模与特点，这里提出了人员、赛事运行、举办城市三个方面的风险源。

风险因素指的是增加风险事故发生概率或严重程度的条件和原因，这是风险源中的隐患，是导致风险发生的潜在和间接原因。

由于这些风险因素的存在，使得某个方面处于一种危险状态。危险状态指的是易于发生损失的状态，上述条件和原因孕育的过程称为潜伏期。

不同的风险源通过某一个或几个风险因素形成危险状态，危险状态本身并不会带来损失，但是如果不采取适当的措施，受到突发事件的影响，就有可能发生风险事故。突发事件是指未来可能突发的政治、经济和社会事件等风险事件，它相当于风险事故的触发条件，是导致最终风险损失的直接原因。这里也把突发事件发生的时期称为爆发期。

最后，如果处理不当，突发事件将带来实质的风险损失，包括收入的减少和支出的增多。

北京 2008 奥运会财务风险的动态风险模型有以下几个特点：

首先，它从动态的角度研究奥运会财务风险的形成与发展，与风险的动态性相匹配。财务风险中的风险因素有的是在不断变化的，动态的风险模型不仅有助于分析风险因素的现状，还有助于关注风险因素的变化发展。

其次，将风险拆分为五个环节，即风险源、风险因素、危险状态、突发事件和风险结果，有助于揭示风险的深层成因。风险源的形成和风险事件的发生最终来源于整个赛事的筹备与举办，这一过程涉及多个奥运会运作的主体和环节，因此这里的动态风险模型不仅分析了风险本身发展变化的动态作用机制，还从更深的层次发现了风险形成和作用的根本动力。

最后，对风险的深入剖析有助于有效风险管理措施的制定。风险管理措施可以针对风险形成、变化和结果的任一环节，主要目的是在成本适当的前提下，降低损失的期望值和方差，使农业经济平稳发展。可以通过控制损失根源、减少风险因素和减轻损失等方法降低风险发生的频率和严重程度，或者通过融资使损失发生后能获取资金以弥补损失，为恢复正常经济活动和经济发展提供财务基础。此外，还可以采取内部风险抑制的措施。正是因为有了前面的剖析，在制定措施时才易于有的放矢。

6.4
北京 2008 奥运会财务风险的风险源

风险源指的是风险的来源。只有对风险源进行深入的识别与剖析，才能从根本上把握风险。根据北京筹备和举办 2008 奥运会过程中面临的各种风险的重要程度，我们将北京 2008 奥运会财务风险的风险源分成三个层次，分别称为核心层、中间层和外层，见图 6 - 5。

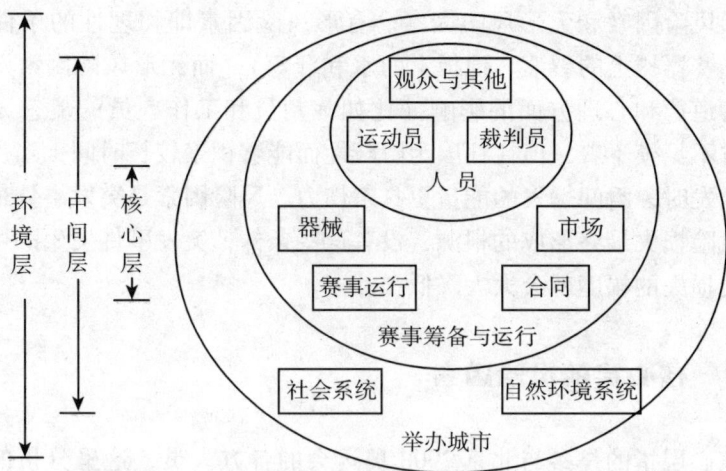

图 6 - 5　北京 2008 奥运会财务风险的风险源

第一层次是核心层，风险源主要包括与奥运会有关的各方人员，包括运动员、观众和裁判员等。运动员可能出现伤病和服用兴奋剂等；观众可能面临恐怖活动、看台坍塌、体育场暴力和体育场馆失火等风险；裁判员方面可能出现偏袒举办国家运动员、漏判、误判、沟通与交流方面的障碍等问题。

第二层次是中间层，风险源主要指奥运会筹备与比赛的流程，包括赛事运行、市场、合同和器械等。赛事运行方面可能出现的问题包括赛事的中断、推迟、取消和比赛环节的疏漏等；合同方面可能出现的问题包括电力、技术、设备出现故障、电视转播中断等；市场方面可能出现的问题包括组织支出和工程支出方面的经费过多等。

第三层次是环境层，风险源主要是指举办城市的社会系统与自然环境系统。可能出现的问题主要包括社会问题和环境问题。

6.5

北京 2008 奥运会财务风险的风险因素

北京 2008 奥运会财务风险的风险因素指的是增加风险事故发生概率或严重程度的条件和原因，是风险源中隐藏的隐患。风险因素还是潜伏期的主要特点，在潜伏期中，起关键作用的是风险因素。风险因素包括有形风险因素和无形风险因素。有形风险因素即物理性的条件（如体育比赛器械上的裂痕、地板上的水和汗等），而无形风险因素则更多的是指道德和心理方面的影响（比如裁判员和工作人员的疏忽大意），虽然看不见摸不着，但往往因为隐蔽性而能够积聚较长时间，当被外界因素触发时，瞬间爆发的能量更具杀伤力。风险因素是突发事件最终出现及风险损失最终形成的根源，没有这些条件，突发事件发生的可能性及风险损失的幅度就会大大降低。

6.5.1 核心层的风险因素

核心层指的是参与北京 2008 奥运会的各方人员，这里分析的是与这些人员有关的风险因素，如图 6-6 所示。

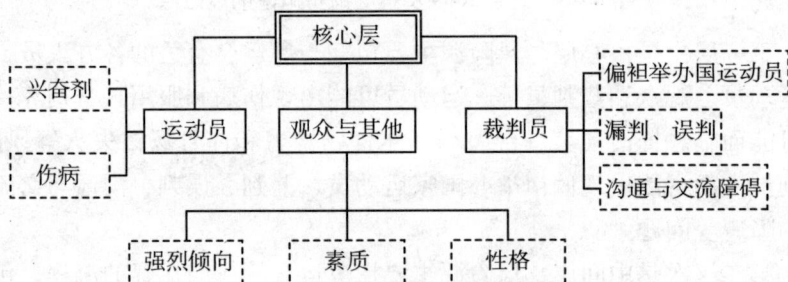

图 6-6 核心层的风险因素

1. 来自运动员方面的风险因素

来自运动员方面的风险因素包括：参加奥运会比赛的明星运动员服用兴奋剂被查出；或者参赛运动员进行训练、比赛的过程中，或在奥运会举办期间的日常生活中出现伤病等原因突然退出奥运会的比赛。特别是奥运会举办国家的明星运动员，将导致现场观众的不满，同时，可能极大地影响电视转播的收视率。

由于参加北京奥运会的国家或地区将超过 200 个，各个国家参赛运动员的价值观念、宗教信仰、道德素质、意识形态等多方面存在不同，如果出现其他参赛国家的运动员违反奥运会举办国家法律的情况将如何处置也是一个问题。

2. 来自裁判员方面的风险因素

来自裁判员方面的风险因素包括：参加竞赛组织工作的裁判员（包括国内裁判员和国际裁判员），特别是国内裁判员在奥运会比赛中是否能秉公执法，对待国内、国外运动员能不能一视同仁，裁判员是否存在偏袒本国运动员或奥运会举办国家运动员的情况等。裁判员在竞赛组织工作中出现技术方面的错误，例如，多计或少计比赛圈数，或关键比赛场次出现裁判漏判、误判的情况等。

另外，在中国举办奥运会，由于语言方面存在的差异，有可能导致比赛延误或被迫取消的事件发生，例如，2006 年青岛国际帆船赛中存在国内裁判员与国际裁判员之间语言交流有障碍的现象，2006 年 8 月在北京举行的第十一届世界青年田径锦标赛上，国内裁判员由于存在语言方面的障碍在一定程度上影响了竞赛工作的开展。

3. 来自观众方面的风险因素

来自观众方面的风险因素主要包括观众观看奥运会比赛时带有的强烈的民族主义情感和明显的倾向性，存在相当的风险隐患，易导致不利局面。

在中国的非优势项目比赛中，表现为中国观众是否能为其他国家的选手加油、喝彩，是否能够平静地接受竞赛方面的失利。如果在比赛中有给其他国家的选手喝倒彩的情况发生，或现场观众之间发生冲突等情况出现，将如何处置。

如果出现一些非优势项目的比赛没有观众的情况，怎么办？如果对一些项目组织观众来观看比赛，谁来支付比赛的门票？历史上奥运会的比赛门票平均 42 美元一张，悉尼奥运会销售 960 万张门票，有 500 多万张在国内销售。针对组织来的观众，如何进行管理，如果看不懂比赛，跟不上比赛的节奏怎么办？

如果整个北京奥运会的比赛，中国在 28 个大项、38 个分项、302 个小项的比赛中不能实现金牌保 2 争 1 的目标，特别是获得金牌的数量与期望相差甚远的时候，或者金牌的数量没有 2004 年雅典奥运会数量多的时候，会出现什么情况？付出如此大的努力举办奥运会，观众会如何？民众会如何？政府会如何？是否会平静地接受这样的事实？

观众在比赛进行过程中对出现的精彩场面进行欢呼，对举办国家运动员取得金牌进行庆祝时或对比赛失利非常愤怒时，看台是否有足够的负荷能力。不同国家的观众、不同倾向性的观众发生斗殴事件，是否会影响比赛的进行和运动员竞技水平的发挥。如果比赛的场馆或看台发生火灾，观众如何进行疏散，如何避免踩踏事件的发生。如果奥运会比赛场馆有人声称放有炸弹等易燃易爆危险物品等，体育场馆将如何进行排查和人员疏散，等等。

此外，观众中的素质不佳者可能会出现偷盗等行为，而性格喜爱开玩笑或打赌的人可能会出现恶作剧行为。

6.5.2 中间层的风险因素

中间层指的是北京 2008 奥运会筹备与举办的流程。这里分析这个流程中各个环节存在的风险因素，如图 6-7 所示。

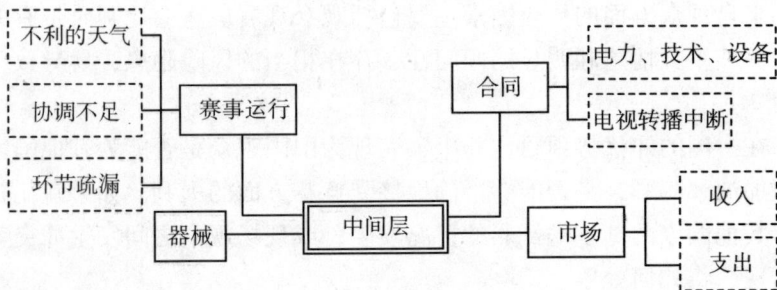

图 6-7 中间层的风险因素

1. 赛事运行方面的风险因素

比赛由于各种原因，包括天气、场馆火灾或看台坍塌、食物中毒、通信系统、电力、设备、计时记分系统等出现问题导致比赛推迟、中断或换在其他场馆进行，甚至取消等，都是赛事运行方面的风险。例如，天气原因，包括灾害性天气和非灾害性天气，如灾害性天气，暴雨使网球比赛或其他赛事中断或推迟；非灾害性天气，如 2006 年青岛国际帆船赛由于风力有时较小，部分比赛不得不推迟或减少比赛轮次，奥运会时甚至有可能有的项目一轮也不能进行比赛，容易引起参赛运动员的不满等。观众由于比赛推迟、改换场馆进行比赛增加了付出时间，交通、餐饮等方面如何解决。取消的比赛如何对观众解释、说明，返还购票款等。

因此，赛事中断、更换、取消方面的风险因素包括：不利的天气，不完善的场馆消防设施，食品加工过程中的把关不严，通信系统不完善，电力、设备、计时记分系统不完善以及缺少备份。

奥运会的比赛，特别是马拉松、公路自行车、铁人三项和竞走等使用公路作为比赛场地的比赛，需要进行交通管制，赛段需要全程封闭，组织协调不好容易出现交通问题，既影响比赛的顺利进行，又容易导致市民对交通管制出现抵触、不满情绪，产生负面影响。

由于北京奥运会除北京以外有 6 个城市，这些城市与北京之间包括竞赛、组织协调、各种会议等需要频繁接触，这势必导致在交通运输方面存在一定的风险，由于中国国际航空公司是北京奥运会的合作伙伴，所以，交通工具多采用飞机，但受天气影响较突出。

在比赛现场参加救护的医护人员，可能出现对自己负责的比赛场地进行的比赛不了解的情况，更不清楚进行的比赛在什么方面容易发生伤害事故，一旦比赛中出现伤害事故可能出现救护不及时的情况，会引起各方面的不满。

2006 年青岛国际帆船赛是北京奥运会举办的第一个测试赛，引起国内外媒体的高度重视，为了更好地拍摄比赛的情况，采用了直升机进行航拍，但由于没有掌握好直升机的飞行高度，直升机距离比赛的帆板过近，将 2 条帆板吹翻，严重影响了比赛的进行，赛后遭到运动队的抗议，影响很大。引人注意的是，尽管出现情况后各方面积极与直升机联系，但由于通信不畅，1 小时之后，电话才打到直升机上说明此情况。

在 2006 年墨西哥射箭世界杯总决赛上，竞赛组织工作中出现第一场比赛已经开始进行，但运箭工作人员却没有安排到位的情况，第一组比赛记分后，运动员不能及时得到自己的比赛用箭，致使比赛暂时中断。而在安全方面依然存在隐患，摄影记者站在起射线拍摄，距离运动员只有 1 米的距离，起射线前方的摄影记者距离运动员只有 4 米，而在运动员前面却无任何遮挡，有一定的危险性。

比赛结束，出现疏漏，例如，颁奖仪式上，没有想到的国家获奖后没有该国家的国旗或国歌伴奏带，升错国旗或奏错国歌，等等。

如果参加北京奥运会马术比赛的运动员，或在京外进行的帆船和足球比赛的运动员要求到北京观看奥运会开闭幕式，能否进驻奥运村，旅费和住宿费由谁支付。来京观摩开闭幕式是否会影响自己比赛水平的发挥等。

满足奥运会赛场内外安全的基本条件是什么，安保人员是否会让观众和各类参赛人员，包括运动员、官员、裁判员、记者感到不安，行动自由受到限制等。

国际奥委会2006年10月26日宣布，为适应美国电视网全国公司NBC的需求，2008年奥运会游泳竞赛和部分体操比赛将在北京时间的上午举行，这不仅影响了中国、亚洲国家的利益，对于欧洲和大洋洲国家的利益也有影响。

2. 来自市场方面的风险因素

来自市场方面的风险因素主要指可能导致奥运会主办方收入减少或支出增多的各种市场因素，包括收入渠道有限、每个收入渠道收入资金巨大、汇率及利率变动、门票售价不利、工程支出过多、隐性支出过多等。

来自市场方面的风险因素容易在奥运会之后引起社会各界的广泛关注，甚至引起社会公众的不满，产生较大的负面影响。

首先，由于奥运会收入渠道有限，每个收入渠道收入资金巨大，使得奥运会主办方面临市场营销风险，一旦某个收入渠道出现问题，例如某个赞助商违约，就可能导致很大的损失。

其次，当前人民币尚处于升值的压力下，人民币升值不仅会导致电视转播权收入的人民币数额的减少，而且使得持有美元的消费者购买力下降，可能会减少消费。中国的利率市场化改革正在稳步推进，利率的变动可能带来一些建设成本的上升等。

第三，门票销售也是组委会的一项重要收入来源，如果门票销售不利，将会影响组委会收入。

第四，工程支出过多和隐性支出也是财务风险的一个直接导火索。北京奥运会在体育设施建设上投入较多，工程支出的直接支出为

20.616亿美元，组委会出资1.9亿美元，18.716亿美元由政府和其他方面投资。

　　而在体育场馆建设方面，奥运会主体育场鸟巢的建设，钢结构卸载之后是否会出现问题，其他场馆在建设过程中是否会出现坍塌、火灾、人为破坏等意外情况，而这种意外情况的出现，不仅将影响奥运会的场馆建设进度，而且也会增加北京奥运会的支出。另外，北京以外的6个赛区也需要进行比赛场馆的新建、改扩建，花费十分巨大。以青岛奥运会帆船比赛场地为例，共耗资32.8亿元，其中包括北海船厂的搬迁花费17.8亿元，场地建设耗资只有2亿多元。

　　由于奥运会比赛场馆设计不周详，场馆的建设与竞赛需求不相符合，出现需要修改比赛场馆的设计，或在比赛场馆建设中直接进行修改的情况，这种情况在雅典奥运会发生多次，经济损失巨大。

　　北京市在城市基础设施方面和环境保护方面投入过多，工程支出的间接支出，根据北京2008奥运会申办报告，环境保护投入86.27亿美元，公路铁路交通投入36.73亿美元，机场投入0.85亿美元。

　　筹备、举办奥运会过程中大型活动举办次数过多、组织支出数额大等都将会增加隐性支出。

　　筹备奥运会期间，奥组委到国外考察竞赛组织工作的人数、次数过多，增加举办北京奥运会的成本，但对每一个项目，以及在奥运会前需要选派多少人考察其他比赛的组织工作没有明确的界定。

　　筹备、举办奥运会过程中组织支出数额大，即用于人力资源、管理、安保、竞赛组织、文化活动、交通、餐饮、体育展示、报名、注册、出版物、医疗、保险等方面的支出。

　　北京2008奥运会将举办44项次测试赛（含残奥会2项次），这些比赛的竞赛组织工作绝大多数完全按照奥运会竞赛组织标准进行测试，需要大量经费。其中，2006年2项次，2007年26项次，2008年16项次。

　　在比赛的组织过程中，对赛艇、皮划艇、帆船、马匹等体育器材的运输、保管等方面的费用过高等。

　　由于北京奥运会竞赛日程在游泳、体操方面为满足NBC需求所做出的调整，这将在一定程度上影响门票的销售收入。

　　综上所述，奥运会的支出渠道有所增多，各渠道支出数额巨大，奥运会工程支出中间接支出过多，由场馆变化等导致的隐性支出增多的方面的风险因素，如果不根据预算加以控制，将可能导致很大的风险。

3. 在合同方面存在的风险因素

北京奥运会比赛中由于电力及其设备（电线、电缆），技术故障等导致电视转播中断，将导致电视观众的不满，并造成电视转播商利益受到损害等。

各个级别的赞助商和供应商等由于各种原因，资金存在一定的问题，导致提供给组委会的资金不能兑现，或不能及时兑现的情况发生。例如，美国恒康人寿保险公司被宏利金融集团收购，幸运的是，它依然履行了奥林匹克全球合作伙伴的义务。

北京奥运会组委会在市场开发方面能否对隐性市场加以控制，从而保证各个级别赞助商的利益等。

4. 器械与场地方面的风险因素

帆船、赛艇和皮划艇等器械在运输、搬运、吊装、保管，或人为原因出现损害问题，导致运动员退赛。例如，2005 年全运会出现某队比赛赛艇损坏的情况，而且数量较多，直接影响到该队进行比赛。

用于奥运会比赛的备用器材的数量是否经过充分的论证，能否满足奥运会比赛的需要，准备数量少不能满足奥运会比赛的需要，备用器材过多，将占用过多的场地，增加举办奥运会的成本。

场地方面的风险因素主要指场地不符合比赛规定。如 2006 年北京市卫生局和市体育局联合对全市室内游泳馆进行了卫生、安全监督检查，检查重点是日常管理存在较多卫生、安全隐患或被处罚过的单位。目前全市对社会开放的室内游泳馆共有 584 户，此次共监督检查了 285 户。其中崇文区、门头沟区、房山区的游泳池，各项检查指标全部合格。但仍有 100 家室内游泳馆因各种原因不合格。其中 10 户游泳场馆无卫生许可证或卫生许可证过期而擅自营业；31 户游泳场馆的浸脚消毒池及水中游离性余氯不合格；26 户游泳场馆水中游离性余氯不达标或超标；游泳池环境卫生不洁 1 户；无水质消毒记录或记录不全 5 户；室内通风不良 2 户；水处理过滤设备不能正常运转 24 户；还有荣丰

2008 游泳馆的加药间存在安全隐患。[①] 奥运会比赛的场地是绝对不能出现这样的疏漏的。

6.5.3 环境层的风险因素

环境层指的是奥运会的举办城市，即北京市，具体包括北京市的社会系统及自然环境系统，如图 6-8 所示。

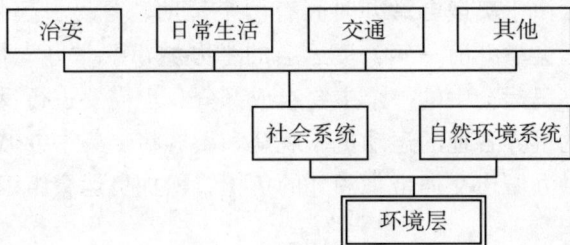

图 6-8 环境层的风险因素

1. 社会系统

奥运会举办城市社会系统的风险因素主要是治安事件、日常生活、交通和其他方面的风险因素。

（1）治安。

治安方面的风险因素主要是对无业者、流浪者的管理不力、治安人力配备不合理等。由于无业者和流浪者等特殊人群是治安事件的高发人群，对他们的管理如果不完善，很可能会出现一些治安事件，这些事件如果涉及奥运会的有关方面，如参赛运动员或观众，则可能引发进一步的冲突。如果在奥运会举办之前将此类人员驱除出举办城市，一是将产生较高的费用，二是将造成负面的社会影响，破坏奥运会举办城市、举办国家的国际形象，引发不安定的社会因素。另外，治安人员的配备也是一个重要因素，发生事件后治安人员能否及时到达现场，也是事件是否会进一步发展的影响因素。

---

① 方芳：《北京市卫生局公布 100 家室内游泳馆卫生不合格》，www. sohu. com, 2006 年 6 月 22 日。

（2）交通。

交通方面的风险因素包括道路使用缺乏统一协调、公共交通设施存在隐患、交通违规行为大量存在等。

当前北京市汽车拥有量已经突破 300 万辆，道路拥挤状况尚没有从根本上很好地解决。在北京 2008 奥运会举办的时候，如果对道路的使用没有一个全市的统一调配，肯定对各方人员的出行造成影响。而如果在 2008 年奥运会举办时对北京的道路交通实行交通管制，将给公众出行带来麻烦。由于奥运会举办时间有两个星期，容易引起公众的不满，同时，在奥运会举办前一年，奥运会的举办城市要举办大量的测试赛，交通也是举办奥运会中的一个主要组成部分，也需要进行反复测试。另外，有大量的世界各地的运动员、观众和游客将云集举办城市，这都将给奥运会的举办城市交通带来额外的负担，增加奥运会组织者和举办城市的经济负担。

公共交通设施的隐患也不可忽视，由于乘坐人员众多，一旦发生问题，影响范围较广。

（3）日常生活。

北京市民的日常生活虽然和北京 2008 奥运会没有直接的联系，但奥运会举办期间，各界媒体的报道将会更全面和深入，日常生活中的一些负面报道可能会和奥运会的报道同时发出，这会为北京市的形象带来不利影响。日常生活中的风险因素包括很多，如食品不安全、城市基础设施不完善等。

《2006 年中国城市生活质量报告》已正式发布。北京在全国 287 个城市中仅排名第 14 位，比去年下降 10 位。而交通问题满意度则排在所有城市的最后一位。

（4）自然环境问题。

自然环境也会对奥运会的举办带来各种间接影响，这方面的风险因素包括环境污染、沙尘天气等。

对此，不仅应提高城市的应急能力，改善城市基础设施水平，而且应不断地提高人的素质，从容面对任何突发事件。这些日常生活中的"小事"，如果不从思想上加以重视，组织上加以保障，行动上加以落实，作为在北京这样的奥运会举办城市发生的事情，这些社会问题处理不及时、不适当，很可能存在一定的隐患，给奥运会的举办造成一定的负面影响，应该引起广泛的关注和重视。

6.6
北京 2008 奥运会财务风险的突发事件

突发事件是指突然发生的、具有较强破坏力或产生较大负面影响的事件。突发事件的特点是：发生发展迅速，处理不当极可能造成巨大损失或负面社会影响。

6.6.1　突发事件及其特征

针对不同的对象，突发事件可能会有一些更明确的限定，例如 2003 年 5 月 9 日温家宝总理签署国务院第 376 号令，公布施行的《突发公共卫生事件应急条例》中，就将突发公共卫生事件明确界定为突然发生，造成或者可能造成社会公众健康严重损害的重大传染病疫情、群体性不明原因疾病、重大食物和职业中毒以及其他严重影响公众健康的事件。

表面上看，突发事件的发生迅速而难以预料，但实际上，和许多风险事故一样，突发事件也会经历一定的潜伏期和爆发期，只是因为不同的原因，没有引起决策者的注意。

潜伏期是突发事件爆发之前的潜伏阶段，如果了解了潜伏期的本质，就有可能在对突发事件的管理中，有的放矢，防患于未然。在潜伏期中，起关键作用的是风险因素，它是指增加突发事件发生概率或严重程度的条件和原因，可进一步分为有形风险因素和无形风险因素。顾名思义，有形风险因素即物理性的条件，例如有疏漏的防护设施；而无形风险因素则更多的是指道德和心理方面的影响，虽然看不见摸不着，但往往因为隐蔽性而能够积聚较长时间，当被外界因素触发时，瞬间爆发的能量更具杀伤力。无论是故意的破坏还是无意的疏忽，抑或是具体的事物，这些因素都是突发事件最终出现的直接根源，没有这些条件，突发事件发生的可能性就会大大降低，或者即使发生，其破坏性也大大减少。

从风险管理的角度来看，突发事件的爆发期是继潜伏期之后，控制事态发展的又一环节。这一阶段一般有以下特点：

（1）内部环境或外部环境突然发生变化。促使环境突然变化的推动力是一个关键因素，如果能够阻断或者化解这种推动力，突发事件就不会发生，或者即使发生，也不会伤及组织的核心。推动力可能是不以人的意志为转移的自然灾害，如洪水、地震和火灾（非人为纵火）等；也可能是一些人为因素，如 1999 年比利时 120 人在饮用可口可乐后发生中毒，出现呕吐、头痛和头昏眼花症状，事发后却没有得到可口可乐公司的重视，最终使得消费者不再购买可口可乐。整个事件使得公司损失 1.3 亿美元，全球共裁员 5 200 人，董事会主席兼首席执行官被迫辞职。

（2）事件最初的触发点可能并不是一件轰动整个领域的事件，甚至没有引起人们的注意，但"星星之火，可以燎原"，一次不起眼的判罚或队员冲突也许就可能掀起一场轩然大波。因此，即使是一个很小的事件，也绝不能疏忽大意。

（3）无论防范再怎样周密，突发事件的风险都不可能完全规避。这主要是因为导致事件发生的触发力包含系统风险和非系统风险两种，一个组织所能控制的只有非系统风险，对系统风险是无能为力的。

（4）事件发生迅速，留给决策者做出反应的时间非常有限，同时因为其较大的破坏力，处理起来就更显得急迫，早处理一分钟和晚处理一分钟，结果就可能完全不同，所以在很多没有准备的情况下，决策者会因为压力而惊慌失措，正因为此，在对突发事件进行管理的时候，更加强调预案的制定与执行。

6.6.2 奥运会历史上出现的突发事件

奥运会可能面临的突发事件大多和政治有关。在现代奥林匹克运动 100 余年的历史中，已经有过一些经验和教训，很多突发事件距今天并不遥远，人们应该引以为戒。

1. 战争

战争对奥运会的影响是毁灭性的，它也是所有奥运会突发事件中，很难由组织方控制的风险之一。1914 年爆发的第一次世界大战，由于德国是战争的策源地，使得原定于 1916 年在德国柏林举办的第 7 届奥运会被迫取消。第二次世界大战是人类历史上规模空前的战争，全世界有超过 20 亿的人口卷入这场战争，对奥林匹克运动的直接影响是 1940 年和 1944 年奥运会被迫取消。这几年被称为奥林匹克运动史上最黑暗的年代，不仅毁掉了奥运会，也扼杀了世界体育的发展。在 1948 年伦敦奥运会上，德国和日本因系第二次世界大战的策源地，被剥夺了参赛资格。

2. 政治抵制

除了战争以外，另一种由于政治问题而使奥运会受到牵连的突发事件就是政治抵制。1980 年莫斯科奥运会前，以美国为首，包括中国在内的 62 个国家为了抗议苏联出兵阿富汗，联合抵制了第 22 届奥运会，使得参赛国家和地区只有 81 个，仅占国际奥委会承认国家和地区的 1/3。据报道，苏联为本次奥运会投入了创纪录的大约 90 亿美元，由于众多国家没有前来参赛，不仅使得苏联的国际形象受挫，而且在经济方面的收入较预期的数目也大打折扣，电视转播商和赞助商的利益也同时受到很大影响。接下来，在 1984 年的美国洛杉矶奥运会上，为了报美国没有参加 1980 年莫斯科奥运会之仇，以苏联为首的 16 个国家和地区又抵制了这届奥运会，使有些比赛项目的成绩大打折扣。又如，古巴和朝鲜等国家也抵制过 1988 年的汉城奥运会。

表面上看，一些国家在政治上的争端是另一个领域的问题，但因为奥运会的规模和影响力，这些政治争端就有可能转移到奥运会上。

3. 恐怖活动

有一些恐怖分子想要利用奥运会的规模增大其活动的影响力。例如，1972 年 9 月 5 日，在德国慕尼黑举办的奥运会上，6 名巴勒斯坦恐怖组织"黑九月"的成员翻越奥运村围栏，与先期已经在奥运村工作的 2 名内应同伙会合，其目的是想通过劫持以色列运动员作为人质，要求释放 234 名被以色列关押的巴勒斯坦人和两名德国恐怖分子。整个事件造成 11 名以色列运动员和官员遭到杀害，奥运会被迫停办一天，这在奥运会的历史上还是第一次。尽管奥运会在此突发事件后继续进行，但以色列和一些阿拉伯国家的代表担心安全提前离开了慕尼黑。

尽管一些奥运会的举办方为防止恐怖活动,在安全方面采取了大量的措施,但有时还是防不胜防。如 1996 年亚特兰大奥运会,保安开支高达 2.27 亿美元,但就是这样,1996 年 7 月 27 日凌晨 1 时 15 分,在耗资 6 000 万美元修建的奥林匹克世纪公园发生了一起严重的爆炸事件,造成 2 人死亡、2 人重伤、110 多人受伤的惨剧,影响非常恶劣,犯罪嫌疑人直到最近才被缉拿归案。

4. 种族问题

人们对于奥运会公平竞赛的精神寄予了厚望,因为奥运会是世界上各个国家、各个种族团结的盛会,这也是它富有魅力的原因之一,因此,任何直接或者间接地破坏公平理念的行为,都有可能引起激烈的冲突。

例如 1904 年在美国圣路易斯举办的奥运会中,首次有黑人运动员参加。这本是奥林匹克精神在体育运动中的充分体现,但此次奥运会却有两天禁止包括黑人、土耳其人、叙利亚人、印第安人和菲律宾人等在内的一切有色人种参加比赛的耻辱记录,组委会还举办了一个叫做"人类学日"的活动,让运动员扮演非洲矮人、日本虾夷人和菲律宾莫洛人等,进行爬杆等所谓的"比赛",以此来宣扬种族歧视。这些不明智的行为给奥运会的形象投下了阴影。

由于种族问题而导致的突发事件在近年也曾出现过。围绕着南非问题,1968 年,国际奥委会在非洲最高体育理事会的压力下,撤销了对在体育领域推行种族歧视和种族隔离政策的南非参加 1968 年墨西哥奥运会的邀请书。而黑人运动员为了唤起世界对黑人民权运动的关注,在墨西哥城的奥运会上,每个人都在运动服和短袖衫上佩戴了一枚形同奥运五环的、铸有"奥林匹克法律就是保障人权"字样的金属证章,奥运会进行到第 5 天,美国黑人运动员史密斯打破 200 米世界纪录后,在颁奖仪式上,他和获得第 3 名的卡洛斯赤足登上领奖台,美国国歌奏响时,他们低头看地,举起戴着黑色手套的右拳——美国黑人民权运动抗议种族歧视的特有姿势,这就是奥运历史上著名的"黑权"事件。

1976 年,由于新西兰与南非的橄榄球交往,非洲统一组织部长理事会呼吁国际奥委会禁止新西兰参加当年举办的蒙特利尔奥运会,后由于非洲最高体育理事会与国际奥委会的谈判破裂,导致 20 个非洲国家退出奥运会，有 7 个已经注册参赛的非洲国家也宣布不再派团参加蒙特利尔奥运会。

5. 环境问题

环境问题越来越引起世界各国的关注，由于奥运会场馆的建设以及奥运会的举办或多或少会对环境产生一定的影响，或者受到环境的影响，所以这方面的原因也有可能影响到奥运会的举办。1972 年美国的丹佛市迫于当地生态组织的压力，拱手让出第 12 届冬奥会的举办权，同样原因，加拿大的温哥华也没有提出申办第 13 届冬奥会。1998 年长野冬奥会前，市民为保护生态环境举行了示威游行，可喜的是，本届冬奥会做到了自然与环境的高度和谐。2000 年悉尼奥运会为了保护珍贵青蛙，改变了建设网球场的地点；建于悉尼邦迪海滩的用于沙滩排球的比赛场地，建设前仍遭到市民的抗议和反对，比赛场地在赛后被拆除，举办了一次绿色奥运会。

6. 兴奋剂

兴奋剂是世界体育发展过程中存在的一个大毒瘤，无论是奥运会，还是其他的体育比赛，这都是一个不容忽视的问题，为此，国际奥委会主席罗格提出了奥林匹克新格言："更纯洁、更团结、更人道"。出于各种各样的目的，国际体坛兴奋剂事件屡禁不止，大有愈演愈烈之势。奥运会中，运动员被检出服用了兴奋剂也会为奥运会蒙上阴影，与奥运会有关的著名的兴奋剂纠纷事件就有加拿大飞人本·约翰逊事件、雷诺兹案、克拉贝案和布罗曼坦案，等等，这些事件涉及法律、道德、伦理等方面，直接影响世界体育和奥运会比赛的公正性以及世界体育的发展方向。

7. 申奥贿选

早在 1991 年就有前美国奥委会主席、国际奥委会执委赫尔米克由于受贿被迫辞职的事件发生，使得国际奥委会出现了道德危机。1998年，国际奥委会执委、国际滑雪联合会前主席、瑞士人霍德勒向媒体披露亚特兰大、悉尼、长野和盐湖城是通过贿赂的手段获得奥运会举办权的，一时间在国际上引起轩然大波，整个事件导致国际奥委会对其遴选举办城市的办法进行改革，盐湖城冬奥会组委会主席因此事辞职，国际奥委会有 6 名委员被开除，4 名委员辞职和 9 名委员受到警告，并成立了道德委员会，向内部的腐败行为宣战。

8. 民众示威游行

举办奥运会并不是什么时候、在哪一个国家举办都能得到民众支持的。1968 年在墨西哥奥运会举办之前，针对政府拿出巨额资金举办奥运会的决定，大学生们首先走上街头举行抗议游行，要求政府关注国家其他许多亟待解决的严重社会问题。而随着奥运会比赛日期的临近，政府在以各种手段解决学生示威均无效的情况下，出动了军队和坦克，与大学生们在城郊的文化广场发生了血战，一百多人在枪击中丧生。鉴于此次严重事件，112 个奥委会成员国和各国际体育联合会向国际奥委会主席提出了暂停这一届奥运会的申请。虽然在墨西哥总统的保证下，这届奥运会后又在警方严密监控下举行，但这一事件在奥林匹克历史上写下了惨痛的一页。

1984 年洛杉矶奥运会举办之前，包括组委会主席尤伯罗斯在内的洛杉矶市民上街进行示威游行，抗议政府出钱举办奥运会。1990 年雅典没有获得 1996 年奥运会举办权之后，雅典人异常愤怒和冲动，很多行业举行了自发性罢工，使得交通混乱，通信中断，城市垃圾成堆，罢工造成的经济损失超过 7 300 万美元，使整个雅典正常的生活秩序受到了很大的影响。因为他们期望百周年奥运会能够回到奥林匹克运动的发祥地举办，失望甚至使他们声称今后不再申办奥运会。

类似于这样的事件，其结果不仅十分恶劣，而且和奥林匹克运动的宗旨与理想完全相左，这无疑会对奥运会的举办产生很大的负面影响。

9. 其他

除了上面列举的突发事件之外，奥运会还可能出现其他一些事件。1956 年澳大利亚墨尔本奥运会的水球比赛，由于匈牙利事件，导致苏联队与匈牙利队在比赛中发生流血冲突。

1980 年莫斯科奥运会除了有众多国家没有参赛以外，有 16 个国家或地区在开幕式入场时没有使用国旗或区旗，有10个代表团只派一名旗手参加入场式，瑞士、丹麦和法国等国家在奥运会期间的任何仪式中不升国旗，不奏国歌。

1988年汉城奥运会一个级别的拳击比赛，由于裁判没有将金牌判给韩国运动员，愤怒的观众冲上拳击台打了裁判。

从以上这些围绕奥运会发生的突发事件来看，多是人为原因造成的。现代奥林匹克运动经过一个多世纪的发展，对奥运会影响巨大的政治抵制、战争和种族问题等突发事件已经淡出，环保问题、恐怖活动（特别是2001年美国纽约"9·11"事件和2004年西班牙马得里"3·11"火车连环爆炸案发生之后）、兴奋剂等突发事件成为国际奥委会和各奥运会组委会面临的新的难题。

以奥运会为核心的奥林匹克运动正是处理了一个又一个突发事件，战胜了一个又一个危机之后才走向了欣欣向荣。每一次突发事件既可能是失败的根源，又孕育着成功的种子。突发事件是危机，更是转机，在处理突发事件的最后阶段，反省事件的整个过程，从中吸取经验教训，可以提高防范突发事件的意识，避免危机再度发生，并尽可能将突发事件和危机的损失降到最低。北京向世界承诺要办一届奥运历史上最出色的奥运会，在防范人为突发事件的同时，还要注意对自然灾害加以防范，这一点或许正是SARS带给我们的教益。

6.6.3　北京2008奥运会可能面临的突发事件

1. 兴奋剂问题

历史上的奥运会以及其他大型体育赛事曾经多次出现过运动员服用兴奋剂被查出的事件。北京2008奥运会的参赛人数众多（大约10500名运动员），兴奋剂问题是需要严加防范的风险。

2. 赛场观众骚乱

由于北京2008奥运会是有史以来第一次在中国举办的奥运会，中国在很多项目上都有夺金优势，中国也有大量体育爱好者，他们带有强烈的民族主义情感，在很长时间内，可能都会由于奥运会的广泛宣传，而对某些比赛的结果寄予强烈预期，一旦由于某种原因，如参赛运动员水平发挥不佳，或裁判员错判、漏判等，都可能导致这些观众现场情绪过于激动，容易引发骚乱，导致赛场设备损坏，如看台坍塌、座椅损坏等，甚至可能发生人身伤亡。

3. 治安事件

涉及奥运会有关人员的治安事件将在极大的关注中被放大，影响奥运会的声誉和北京市的形象。

在距离奥运会举办不到半年的时间里，北京的社会治安还有待于进一步加强。针对北京市的社会治安情况，北京市公安局刑警便衣打击现行犯罪工作机制正式启动，1 200 名便衣刑警将走上街头，集中打击街头犯罪。根据市公安局下发的《刑警便衣打击控制执法手册》，便衣刑警将根据每天的 110 警情随时调配警力，24 小时上岗，工作地点集中在公共场所、繁华商业街区、各大娱乐场所、医院、车站、社区等高发案部位，及时发现可疑人、可疑物品、可疑活动迹象，在第一时间，对盗窃、抢劫、抢夺、砸撬汽车玻璃、诈骗、扒窃、吸贩毒、站街招嫖等街头违法犯罪活动实施严厉打击，快速处置各种紧急突发事件，提高现案破案率。

相应的数据表明，2003 年，全国公安机关共立刑事案件 439.4 万起；2004 年，这一数字上升至 471.8 万起，查处各类治安案件 536.6 万起；2005 年上半年，根据公安部的统计数字，全国公安机关共立刑事案件 213.1 万起，依此判断 2005 年整体情况，这一数字可能与 2004 年持平。早在 1980 年时，原公安部公共安全研究所所长戴宜生就对中国的治安形势做出了分析，认为之后的 20 年，中国的犯罪率每年会增加 14%。"实际上 2000 年初就已经超过了这个数，大概在 18% ~ 20%。"

4. 交通事故

由于北京市道路机动车保有量较大，交通方面面临很大的压力。

首先，由于众多奥运会相关人员，如运动员、裁判员、国际奥委会或国际单项体育联合会的官员、媒体记者和观众将选择飞机这种交通工具，所以首都机场的负荷要比平时大很多，首都机场的调度和机场高速的运行情况就不能有任何闪失，否则影响非常恶劣。在这方面，北京曾经有过多次案例。2006 年 10 月 10 日下午，首都机场中航信离港系统发生故障，机场国内离港系统因此瘫痪 50 分钟，造成 33 架飞机出港延误，近千名旅客滞留首都机场。面对突然出现的异常情况，首都机场紧急启动了应急预案，启用了手工办理值机手续系统。

其次，北京的公共交通可能会出现事故。例如，2005 年 10 月 18 日晚 10 点左右，地铁 10 号线惠新东街段工棚前出现渗水。7 个小时后，渗水处突然塌陷形成一个深 2 米多的大坑，使得坑旁一简易房倒塌。随后，涌出的水将紧邻的地铁 10 号线工程一侧护坡冲出一个洞，并涌进深达 18 米左右的工程沟槽。次日晨 6 点 15 分，自来水东城维修所的工作人员赶到现场进行抢修。据了解，事故不仅造成附近大面积停水，还会影响地铁 10 号线工期。[①]

最后，其他道路交通的问题也可能是导致进一步损失的突发事件。例如，2006 年 11 月 19 日晚到 20 日早晨，京津地区出现大范围的大雾天气，途经京津的多条高速公路被迫封闭（包括京沈高速、京石高速、京津塘高速和京承高速等），两地交管部门表示解除封路要视天气变化。专家分析，此次范围较广、持续时间较长的大雾天气主要是由于空气温度的降低引起的。[②]

5. 对风险事件处理不妥

由于在奥运会举办期间，运动员和观众的心理都处于兴奋状态，同时，时间又非常有限，如果出现某些意想不到的风险事件，就需要在很短的时间内加以合理解决，一旦奥运会主办方在解决时间上有所拖延，或者解决方式上拖泥带水，都可能演变为一场危机，最后不得不花费大量人力、财力才能使事件平息。

历史上曾经出现过类似的教训。例如 1999 年 6 月，可口可乐公司总部对于比利时、法国等地 120 人饮用可口可乐之后出现的中毒症状的最初反应只是在公司网站上发了一份晦涩难懂的相关报道。由于公司对中毒事件最初反应的轻率，很快消费者就不再购买可口可乐饮料，比利

---

① 王大治、潘丽：《北京地铁 10 号线工程突然渗水 导致地面房屋塌陷》，载 www. sohu. com，2005 年 10 月 20 日。

② 曹冀鲁、蒙嘉川：《京津地区浓雾不散 多条高速公路被迫封闭》，载 www. sohu. com，2006 年 11 月 20 日。

时和法国政府还坚持要求公司收回所有产品。结果，10 天后，可口可乐公司董事会主席和首席执行官从美国赶到比利时首都布鲁塞尔举行记者招待会，表示对中毒者的关切，同意收回部分产品，但仅是 10 天的滞后，同样一项行动，结果就大为不同，可口可乐的企业形象和品牌信誉受到空前打击。虽然这是一个商业公司的案例，但其中的教训很值得北京 2008 奥运会主办方借鉴。

本章对北京 2008 奥运会面临的风险进行了识别，并构建了动态风险模型，从动态的角度分析了这些风险的发生机理，为后面的风险评估和风险管理措施的选择奠定了基础。

第 **7** 章

北京 2008 奥运会财务风险的评估

    根据第 6 章对北京奥运会进行的风险识别，以及进一步的风险分析，我们已经对北京 2008 奥运会财务风险的构成以及发生机理有了比较清晰的认识，本章将对这些风险进行风险评估。风险评估有定性评估和定量评估之分。有的风险可以进行量化，而有的风险则难以量化。在北京 2008 奥运会的财务风险中，可以初步量化的是市场风险中的汇率风险，其余的将采取定性评估的方法。

    前文已经述及，本书针对的财务风险是广义的财务风险，即所有最终影响财务的收入与支出的风险都属于财务风险。北京 2008 奥运会面临的一些风险已经进行了投保，例如财产风险、人身风险、责任风险、赛事取消风险等，但这些风险的大小直接决定了保险费的多少，而保险费是在财务支出中体现的，因此，这些投保了的风险似乎已经没有了不确定性，一旦发生损失将会由保险公司承担经济补偿，但由于保险费中已经体现了经济补偿的期望额度以及预期的偏差，加之自留额及保险金额之外的风险损失负担，这些风险最终还是由奥运会主办方承担了一部分。

7.1

风险评估的指标

    评估风险大小的指标有两个：损失概率及损失幅度。损失概率是指损失事件发生的可能性，损失幅度是指损失事件一旦发生，所造成损失

奥运会

的程度。

　　如果将损失概率和损失幅度这两个指标绘制在一张图上，就可以综合评价奥运会财务风险的高低（见图7-1）。

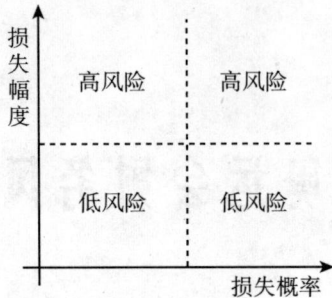

图7-1　二维风险评价

　　从图7-1可以看出，损失概率和损失幅度均较低的为低风险；损失概率虽然很高，但结果轻微的也可以看作是低风险，如球类比赛中运动员互撞；损失概率和损失幅度均较大的则无疑是高风险，如足球比赛中的球迷骚乱；但对于损失概率较低，而损失幅度较大的风险，一般也会视为高风险，如赛事取消，虽然发生概率很低，但后果严重。

7.2

市场风险的评估

　　表7-1和表7-2分别列出了北京奥运会组委会的财政预算和非组委会预算，实际中和这些收入支出预算可能有出入，这是市场风险的一个重要来源。

表7-1　　　　　　　　北京奥运会组委会财政预算

A 收入	百万美元	百分比	B 支出	百万美元	百分比
1. 电视转播权	709.00	43.63	基础设施	190.00	11.69
			13. 体育设施	102.00	6.28
2. TOP 计划收入	130.00	8.00	—奥运村	40.00	2.46

续表

A 收入	百万美元	百分比	B 支出	百万美元	百分比
3. 组委会赞助收入	130.00	8.00	—主新闻中心、国际广播电视中心	45.00	2.77
4. 特许使用收入	50.00	3.08	—记者村	3.00	0.18
5. 正式供应商	20.00	1.23			
			运营费	1 419.00	88.31
6. 纪念币	8.00	0.49	14. 体育比赛	275.00	16.92
邮票	12.00	0.74	—奥运村	65.00	4.00
7. 彩票	180.00	11.08	—主新闻中心、国际广播电视中心	360.00	22.15
8. 门票	140.00	8.62	—记者村	10.00	0.62
9. 捐赠	20.00	1.23	15. 开闭幕式、节目	100.00	6.15
10. 财产出售	80.00	4.92	16. 医疗服务	30.00	1.85
11. 各级政府补助	100.00	6.15	17. 餐饮接待	51.00	3.14
—中央政府	50.00	3.08	18. 交通	70.00	4.31
—市政府	50.00	3.08	19. 安保	50.00	3.08
			20. 残疾人费用	82.00	5.05
			21. 推广	60.00	3.69
12. 其他	46.00	2.83	22. 行政管理	125.00	7.69
			23. 试运行和协调	40.00	2.46
			24. 其他	101.00	6.22
25. 亏损			25. 节余	16.00	0.98
总　额	1 625.00		总　额	1 609.00	

美元对人民币的兑换率：1 美元兑换 8.27 元；

编制日期：2000 年 12 月 14 日。

资料来源：北京 2008 奥运会申办报告。

表 7 - 2 北京奥运会非组委会预算

（城市、地区或国家政府以及私人投资）

基建投资项目	建设项目费用（百万美元）								总计
	2001	2002	2003	2004	2005	2006	2007	2008	
没有奥运会也将产生的支出									
环境保护	1 000	1 000	1 500	1 500	1 500	1 300	827	0	8 627
公路铁路交通	547	592	636	636	636	313	313	0	3 673
机场	12	30	31	12	0	0	0	0	85
因奥运会产生的支出									
体育场馆			212.57	425.13	495.99	283.42	12.01	0	1 429.12
奥运村				110.62	158.87	134.74	38.25		442.48
总　计	1 559	1 622	2 379.57	2 573.13	2 742.61	2 055.29	1 286.75	38.25	14 256.60

注：主新闻中心、国际广播电视中心和记者村将使用租用建筑；北京现有住宿接待能力可以满足奥运会观众食宿需要。

资料来源：北京 2008 奥运会申办报告。

7.2.1　市场营销

市场营销方面的风险主要指与奥运会主办方达成协议的客户、合作伙伴、供应商和赞助商等因破产、毁约或不履行义务等原因使协议未能兑现，使得原计划的收入不能实现。

由表 7 - 1 可知，根据预算，组委会将获得北京 2008 奥运会电视转播权销售数额的 49%，约 8.33 亿美元，同时，组委会从第 6 期 TOP 计划中将获得约 2 亿美元的分成，这些收入折成 2000 年价格，相当于 7.09 亿美元与 1.3 亿美元，此外，组委会赞助收入 1.3 亿美元，正式供货商收入 2 000 万美元，共 9.89 亿美元。这些客户、供应商和赞助商都是实力雄厚的大公司，尤其 TOP 赞助商，因此，这方面的预算收入不能实现的可能性较小，但如果发生意外，损失较大。

7.2.2　利率与汇率

相对来说，根据奥运会使用资金的性质，其面临的利率风险较小。

人民币汇率，指人民币兑外币的比率。在本书中，主要指人民币兑美元的比率，即1美元的人民币价值。[①] 人民币汇率上升，则人民币贬值，人民币汇率下降，则人民币升值。考虑到中国大量的美元储备，人民币在2005年汇率改革前事实上采用的是单一美元盯住制，汇率改革后，美元为中国外汇储备的构成主体，美元仍然是汇率定价的重要依据，因此以人民币兑美元比率的变化来表示人民币汇率变化是可行的。

由于电视转播权等的收入要经过一段时间以后才会付给北京2008奥运会组委会，奥运会电视转播权的付费方式为，北京奥运会主电视转播商NBC将分6次付费，并预留35%的尾款，其他电视转播商的付费方式也基本如此，付款的次数较NBC略少。其他项目的预算也都是按2000年美元对人民币的兑换率——1美元兑换人民币8.27元计算的，[②]所以，那些涉及外币兑换的项目，在实际发生兑换时，将会和预算发生偏离。因此，汇率的不确定变动而导致收入减少或支出增大的风险无论从可能性还是损失幅度方面都较大。

在损失概率方面，2005年5月18日，中国银行间外汇市场正式推出外币买卖业务。2005年7月21日，中国人民银行发布公告，宣布人民币汇率不再盯住单一美元，开始实行以市场供求为基础、参考一篮子货币进行调节、有管理的浮动汇率制度。2006年9月8日，中国金融期货交易所在上海宣告成立，成为中国内地首家金融衍生品交易所，进一步完善了人民币汇率的形成机制。期间，人民币汇率不断下降，由最初的1美元=8.3元人民币持续下降至1美元=7.6948元人民币，[③]并呈现出不断下降的趋势。

自2005年7月以来，人民币汇率大幅升值的时间有2005年7月，2006年2~4月，2006年7~9月，2006年11月~2007年2月，2007

---

① 中国的人民币汇率采用的是直接标价法。
② 资料来源：北京2008奥运会申办报告。
③ 该汇率为2007年5月15日的汇率中间价。

年4月至今，其升值的时间间隔明显缩短、升值幅度明显增加，这表明人民币汇率已有的升值增加了人们对汇率近期大幅升值的预期，加速了预期的自我实现，从而加快人民币汇率升值的速度，引起更大的汇率风险。图7-2为2005年7月1日～2007年5月18日的人民币汇率走势图。

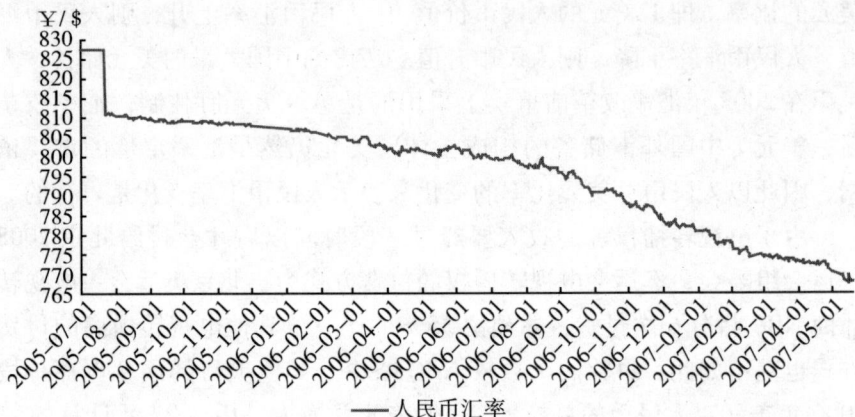

图7-2　人民币汇率走势图（2005年7月1日～2007年5月18日）

数据来源：国家外汇管理局网站（http：//www. safe. gov. cn）。

　　仅以电视转播权收入和TOP赞助计划收入为例，忽略物价指数的变化，汇率降至7.7时，以人民币计算的收入就将损失10.33×（8.27－7.7）=5.8881亿元。

7.2.3　门票销售

　　北京奥运会的预算中，门票收入预计为1.4亿美元（2000年价格）。门票销售中，由于各种原因，奥运会门票销售未达到预期水平，使得收入减少的情况有可能发生。因为一些在中国不太普及的项目，如击剑、皮划艇、赛艇、现代五项、摔跤、柔道和铁人三项等项目，可能会出现观众较少的情况，或这些项目门票的价格定价相对较低的情况，这势必会影响门票收入。另外，奥运会历史上门票平均42美元一张，而北京2008奥运会的门票定价相对于其他奥运会举办国家明显偏低（见表7-3），这都将极大地影响北京奥运会的收入。同时，如果靠增加门票销售的数量来弥补较低门票价格，这势必又将增加组委会在门票销售、观众服务、交通、安保等方面的支出。但总体而言，这方面的损失幅度不会很大。

表7-3 北京2008年奥运会各项目门票销售价格

项目	最低价（元）	最高价（元）	项目	最低价（元）	最高价（元）	项目	最低价（元）	最高价（元）
开幕式	200	5 000	乒乓球	50	800	公路自行车	免费	免费
闭幕式	150	3 000	跆拳道	50	200	场地自行车	50	100
射击	30	50	网球	100	600	跳水	60	500
射箭	50	100	铁人三项	50	50	马术	40	500
田径	50	800	排球	50	800	击剑	50	100
羽毛球	50	500	水球	30	400	足球	40	800
棒球	30	150	举重	30	200	体操	50	300
篮球	50	1 000	摔跤	50	200	垒球	30	120
沙滩排球	50	400	曲棍球	30	150	游泳	30	800
拳击	30	400	柔道	50	200	花样游泳	60	500
皮划艇静水	30	80	现代五项	30	50	艺术体操	100	400
皮划艇激流回旋	30	100	赛艇	30	80	蹦床	50	100
小轮车越野	50	100	帆船	120	600	手球	30	300
山地自行车	30	30						

资料来源：北京奥运官方票务网站。

7.2.4 场馆调整及赛后利用

表7-4和表7-5分别是北京奥运会体育场馆基本建设投资总预算表和北京奥运会现在确定使用的比赛场馆。目前，随着筹备工作的继续，北京奥运会的各比赛场馆发生了很大的变化，这其中主要包括以下

方面：一是比赛举办地点的变化自然带来比赛场馆的变化，如马术比赛从北京转到香港举办；二是体育场馆的选址发生了变化，如沙滩排球由原来的在天安门广场举行转到北京朝阳公园举行，铁人三项由原来的紫禁城铁人三项赛场转到北京昌平铁人三项赛场，羽毛球、乒乓球、摔跤等项目的比赛场馆也发生了变化；三是不使用原定的比赛场馆，而使用新建的场馆，如原来在沈阳举办足球的五里河体育场被爆破拆除，现在在沈阳赛区进行的北京奥运会足球比赛安排在新建的足球场进行。

表 7 - 4 　　　　　　北京奥运会体育场馆基本建设

投资总预算表　　　　　单位：百万美元

场馆名称	比赛项目	组委会预算			非组委会预算			总计
		新建	改建	小计	新建	改建	小计	
1. 国家体育场	田径				246.71		246.71	246.71
2. 国家体育馆	体操				45.67		45.67	45.67
3. 游泳中心	游泳				107.51		107.51	107.51
4. 国际中心展馆 A	乒乓球		6.00	6.00				6.00
5. 国际中心展馆 B	射击		4.00	4.00				4.00
6. 国际中心展馆 C	摔跤		3.00	3.00				3.00
7. 国际中心展馆 D	羽毛球		7.00	7.00				7.00
8. 奥林匹克公园射箭场	射箭							0.00
9. 国家网球中心	网球				43.92		43.92	43.92
10. 国家曲棍球场	曲棍球				68.02		68.02	68.02
11. 奥体中心体育场	足球五项		12.00	12.00	12.99		12.99	24.99

续表

场馆名称	比赛项目	组委会预算			非组委会预算			总计
		新建	改建	小计	新建	改建	小计	
12. 奥体中心体育馆	手球		7.00	7.00				7.00
13. 奥体中心垒球场	棒球		8.00	8.00		27.69	27.69	35.69
14. 英东游泳馆	水球		8.00	8.00		20.16	20.16	28.16
15. 北京射击场飞碟靶场	射击		3.50	3.50				3.50
16. 北京射击馆	射击				37.51		37.51	37.51
17. 老山自行车馆	自行车				42.68		42.68	42.68
18. 老山山地车场	山地自行车		4.00	4.00		3.31	3.31	7.31
19. 城区公路赛场	公路自行车							0.00
20. 五棵松体育馆	篮球				282.65		282.65	282.65
21. 五棵松棒球场	棒球				31.77		31.77	31.77
22. 丰台棒球场	棒球				28.48		28.48	28.48
23. 紫禁城铁人三项赛场	铁人三项		3.50	3.50				3.50
24. 顺义奥林匹克运动公园	水上项目				74.85		74.85	74.85
25. 北京乡村赛马场	赛马		15.00	15.00	101.01		101.01	116.01
26. 首体院体育馆	柔道				34.22		34.22	34.22
27. 北航体育馆	举重		1.75	1.75				1.75

续表

场馆名称	比赛项目	组委会预算			非组委会预算			总计
		新建	改建	小计	新建	改建	小计	
28. 北体大体育馆	排球				13.03		13.03	13.03
29. 首都体育馆	排球		7.00	7.00				7.00
30. 工人体育场	足球		3.50	3.50				3.50
31. 工人体育馆	拳击		3.50	3.50				3.50
32. 天安门沙滩排球场	沙滩排球							0.00
33. 青岛国际帆船中心	帆船				87.59		87.59	87.59
34. 天津体育场	足球				83.21		83.21	83.21
35. 秦皇岛体育场	足球				36.14		36.14	36.14
36. 沈阳五里河体育场	足球		1.75	1.75				1.75
37. 上海体育场	足球		3.50	3.50				3.50
小计				102.00			1 429.12	1 531.12
奥运村		40.00		40.00	442.48		442.48	482.48
主新闻中心			30.00	30.00				30.00
国际广播电视中心			15.00	15.00				15.00
记者村			3.00	3.00				3.00
总　计		40.00	150.00	190.00	1 820.44	51.16	1 871.60	2 061.60

资料来源：北京 2008 奥运会申办报告。

表 7 – 5　　　　　　　北京奥运会现在确定使用的比赛场馆

场馆名称	比赛项目	建设类型
1. 国家体育场	田径、足球	新建
2. 国家体育馆	手球、竞技体操、蹦床	新建
3. 国家游泳中心	游泳	新建
4. 击剑馆	击剑、现代五项	临建
5. 奥林匹克公园射箭场	射箭	临建
6. 奥林匹克公园网球中心	网球	新建
7. 奥林匹克公园曲棍球场	曲棍球	临建
8. 奥体中心体育场	现代五项	改扩建
9. 奥体中心体育馆	手球	改扩建
10. 英东游泳馆	水球、现代五项	改扩建
11. 北京射击场（飞碟靶场）	射击	改扩建
12. 北京射击馆	射击	新建
13. 老山小轮车赛场	BMX	临建
14. 老山自行车馆	场地自行车	新建
15. 老山山地车场	山地自行车	改扩建
16. 城区自行车公路赛场	公路自行车	临建
17. 丰台垒球场	垒球	改扩建
18. 五棵松篮球馆	篮球	新建
19. 五棵松棒球场	棒球	临建
20. 首都体育馆	排球	改扩建
21. 顺义奥林匹克水上公园	赛艇、皮划艇	新建
22. 铁人三项赛场	铁人三项	临建
23. 北京航空航天大学体育馆	举重	改扩建
24. 北京大学体育馆	乒乓球	新建
25. 中国农业大学体育馆	摔跤	新建
26. 北京科技大学体育馆	柔道、跆拳道	新建

续表

场馆名称	比赛项目	建设类型
27. 北京理工大学体育馆	排球	改扩建
28. 北京工业大学体育馆	羽毛球、艺术体操	新建
29. 工人体育场	足球	改扩建
30. 工人体育馆	拳击	改扩建
31. 朝阳公园沙滩排球场	沙滩排球	临建
32. 青岛奥林匹克帆船中心	帆船	新建
33. 香港马术比赛场地	马术	改扩建
34. 天津奥林匹克中心体育场	足球	新建
35. 秦皇岛市奥林匹克体育中心体育场	足球	新建
36. 沈阳体育场	足球	改扩建
37. 上海体育场	足球	改扩建

资料来源：作者根据北京 2008 奥运会官方网站资料整理。

场馆调整可能使支出增大。北京 2008 奥运会的场馆建设和当初申办时的预想已经有了较大的变化。可以看出，原订新建比赛场馆 18 个，新建奥运村 1 个，北京奥运会现在在北京的奥运会比赛场馆为 31 个，其中新建的 12 个，改扩建的 11 个，临建 8 个。新建比赛场馆比申办时少。京外 6 个赛区还有 6 个比赛场馆，新建 4 个（沈阳足球比赛场地实际上是新建的比赛场地，原五里河体育场被爆破拆除），改扩建的 2 个。京外赛区的比赛场地数量并不是很多，但场地耗资极大，设施齐全，外加多个训练场地，也是一笔不小的开支。如青岛奥林匹克帆船中心投入 32.8 亿元，其中北海船厂拆迁耗资 17.8 亿元，花费 2 亿多元建比赛场地，而沈阳五里河体育场作为中国 2002 年参加世界杯足球亚洲区预选赛的比赛场地，设施相当完备，也是北京申办 2008 年奥运会时在沈阳的比赛场地，但 2006 年却实施了爆破拆除，新建了奥运会足球比赛场地，耗资巨大。

北京奥运会现在确定使用的比赛场馆与申办报告中使用的比赛场馆有很大的变化，体育场馆的改变原本无可厚非，但北京奥运会比赛场馆改变的数量之多是值得引起人们注意的。这种改变并不排除更加适合比赛的成分，甚至可能适当地降低成本，但是这种数量众多的改变同样存在增加成本的可能性，毕竟改变比赛场馆的选址、比赛城市等需要重新对这些比赛场馆进行规划和设计，对比赛场馆周围进行环境保护、交通和安保等方面的大量投入，另外，场馆大量地改换起码说明北京2001年申办奥运会时，在比赛场馆建设方面的论证不够充分，存在目前的筹备与当时承办奥运会时的承诺没有兑现的成分，容易产生较强的负面影响。

由于截至2007年4月30日，北京奥运会的电视转播权早已经出售，国际奥委会第六期全球合作伙伴计划也已确定，这些方面获得的收入是举办奥运会最主要的收入，所以北京奥运会的主要收入可以说已经基本确定。但在奥运会的组织支出与工程支出增加，以及工程支出中的直接支出数额居高不下的状况下，一旦支出控制不力，可能会出现一定的财务风险。这种风险是由于收入相对固定而导致的。

比赛场馆赛后利用不佳带来的成本属于机会成本。就目前对体育消费群体的培养情况来看，场馆赛后利用的前景还是比较乐观的。

7.2.5 隐性支出

从表7-2中可以看出，北京奥运会非组委会的投资十分巨大，在北京筹备、举办奥运会的几年中，由于举办城市环境保护方面的支出高达86.27亿美元，如此巨额的投入，人们不禁要问，北京是否具备举办奥运会的基本条件，什么样的城市生态环境能够举办奥运会，如果这些支出与举办奥运会无关，或关系不大，为什么前些年不对北京进行投入。北京的公共交通也是困扰北京城市发展的一个大问题，此次北京借举办2008年奥运会之机，在城市公路铁路交通和机场建设方面投入37.58亿美元，这将为今后的城市发展奠定良好的基础，但需要注意的是，北京现有的城市交通运力是否能够满足北京奥运会赛事的需要，如果需要通过投资来改善举办城市的交通来满足奥运会赛时的需要，这种投入就应该与举办奥运会有关。

表7-2支出中与举办奥运会有关的支出就高达18.716亿美元，这些支出将不被列入北京奥运会的支出，但政府和私人将承担这些支出，而对私人支出的偿付方式各个场馆或许存在不同，最好的办法或许是将

私人投资兴建的体育场馆在奥运会后由私人自行运营一段时间，然后收回国有。这其中有三个问题需要注意：一是体育设施的新建应该是举办奥运会所必须的支出，即举办奥运会的工程支出的直接支出；二是政府出资举办奥运会是否经过市民的同意，出资的数额多少的依据是什么，毕竟这部分支出是来自于纳税人的；三是吸收私人投资建设体育设施，可以满足奥运会比赛的需要，但赛后也许其经营的年限是否经过充分的论证，几十年的时间存在很多的变化，如果奥运会使用的比赛场馆赛后利用的经济效益不好，将对奥运会举办城市或奥运会组委会产生不好的影响，如果比赛场馆赛后经营的经济效益很高，同样会让奥运会举办方蒙受损失，等等，而且，在私人经营后回收的这些体育设施的使用、维护也将是一笔巨额的支出，存在很大的不确定性。

7.3

间接财务风险的评估

7.3.1　财产风险的评估

财产风险是指用于体育比赛的场馆、设施和器材等遭受损毁的风险。从损失概率方面来说，财产损毁发生的可能性居于中等。北京2008奥运会组委会以及社会各界在体育设施方面的支出预算是19.71亿美元，[①] 这囊括了很大一部分财产价值，但相对来说，由于安全、消防等各方面的设计都比较合理，财产风险的损失金额不会很大。另外，财产风险是奥运保险覆盖的范围，保险金额之外的自留部分数量也有限。

7.3.2　人身风险的评估

奥运会所涉及的人身风险主要是人身意外伤害风险，是指赛事各方人员，如运动员、裁判员、观众及其他人员因意外事件而遭受身体损伤

[①] 数据来源：《北京奥运会申办报告》。另外，本章以下预算数据如不做特别说明，皆来自《北京奥运会申办报告》。

的风险。北京2008奥运会的规模极大，无论是参赛运动员，还是裁判员、观众及其他人员，数量都很可观，这就使得人身风险发生的可能性比较大。从损失幅度方面来看，如果发生一些群体性事件，则可能会导致较大的损失额度，另外，新的医疗技术的出现也可能使得最终的费用发生较高。在人身风险方面，大部分因意外导致的死亡与伤害所发生的费用都进行了投保，所以，保险范围之外的支出负担不会很大。但由于可能出现的伤害比预想的严重，相比财产风险中的财产价值损失，人身风险中在医疗费用方面的自负额可能会有很大的变动。

7.3.3 责任风险的评估

责任风险是指由于违反责任而对受害方进行赔偿的风险。虽然通常情况下的责任风险已经进行了投保，但根据《北京2008奥运会举办城市合同》中的"附录J关于保险的规定"，这里的责任风险只有公众责任和产品责任进行了投保，而责任风险容易导致更严重的间接影响，这一部分可能在保险之外，所以，责任风险中的不确定性较大。

（1）体育器械不合格或意外损坏。

北京2008奥运会的体育器械采购都有严格规定，不合格的概率很小，但一旦因体育器械不合格而使得运动员受伤，损失可能会较大。另外，体育比赛中体育器械损坏的情况时有发生，这需要准备三方面的费用支出：一是需要准备一定数量的备用比赛器材，二是需要有一定数量的专业人员在比赛现场，如果比赛器械出现任何问题，能够马上进行更换处理，三是一旦器械损坏伤及运动员而需要的现场救治、医疗救护等方面的支出。由于这部分在保险之内，额外风险较小。

（2）失窃。

失窃风险的损失概率中等，但损失幅度相比前面一些风险较小。这部分也在保险之内，额外风险较小。

（3）违反合同责任。

违反合同责任指的是奥运会主办方违反合同可能引发冲突，造成人身伤害，导致损失。这类责任属于公众责任，发生的可能性中等，损失幅度较大。这些人身伤害中的一部分可能会在保险范围内，但也可能有一部分在保险范围外，这些没有为保险覆盖的风险发生的可能性中等，一旦发生，造成的损失较大。

（4）体育暴力等侵害性人身攻击。

由于北京 2008 奥运会是中国举办的第一次奥运会，在一些夺金希望较大的项目以及拥有众多观众的项目（如足球）上，观众往往带有强烈的民族主义情感，如果比赛过程中出现非常规的情况或者比赛结果出乎预期，他们的情绪可能会非常激动，国外观众也同样会出现这类问题。因此，这种风险发生的概率中上等，但由于奥运会的安保非常严密，所以人身攻击在发生之初就会受到制止，损失幅度可能会维持在中等水平。

（5）管理不善。

因管理不善导致的责任风险无论从损失概率和损失幅度方面来说都较小。

（6）恶作剧。

恶作剧发生的可能性较小，但有时可能导致较大的风险损失。

（7）设备瘫痪。

根据当前其他领域中的设备故障可能性，北京 2008 奥运会面临的设备瘫痪方面的风险处于中下水平，但设备瘫痪可能会导致极大的损失幅度，如首都机场调度系统的故障、通往奥运村的地铁出现临时停运等情况。

7.3.4 赛事取消、 推迟和中断风险

总体而言，这类风险发生的可能性极小，但一旦发生，损失幅度将在所有风险中屈指可数。

7.4

风险评价图

下面用二维坐标轴来表示对北京 2008 奥运会各类财务风险进行的评价，如图 7-3 所示。其中，横轴表示风险导致损失发生的可能性；纵轴表示风险导致损失后果的严重性。以此为参照，我们可以大致看出各类风险的相对重要性。将这些风险综合起来，可以得到对各类间接财务风险和各类市场风险的综合评价，如表 7-6 所示。

（损失幅度）

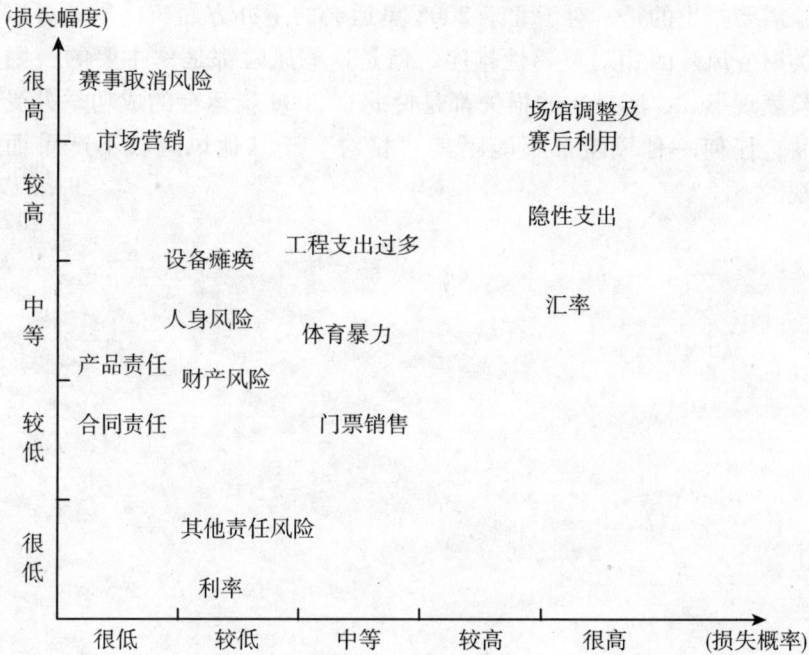

图 7 - 3　北京 2008 奥运会财务风险评价

表 7 - 6　　　　　　　各类风险的综合评价

	风险	损失概率	损失幅度	综合评价
间接财务风险	人身风险	较低	中等	一级
	财产风险	较低	中等	一级
	责任风险	中等	中等	二级
	赛事取消、中断或推迟风险	很低	很高	三级
市场风险	市场营销	较低	很高	三级
	利率与汇率	很高	中等	三级
	门票销售	中等	较低	一级
	场馆调整及赛后利用	很高	很高	四级
	隐性支出	很高	较高	三级

注：一级表示风险最小，四级表示风险最大。

147

　　需要指出的是，对于北京 2008 奥运会的主办方而言，虽然可以为各类财务风险的相对重要性排序，但是这些风险都是"主要的"财务风险表现形式，所带来的损失都是使北京 2008 奥运会的成功举办受到威胁，任何一种风险都不能因其"相对"于其他风险较不严重而被忽视。

第8章

北京 2008 奥运会的财务风险管理

北京 2008 奥运会的财务风险管理，除了要对举办奥运会预算涉及的收入、支出方面存在的风险进行控制、规避以外，还需要对在奥运会筹备，特别是在奥运会举办时出现的各种风险有所认识，因为，对各种风险的控制、规避，最后都需要财务方面的支持。

8.1
北京 2008 奥运会风险管理的理念与措施

8.1.1　北京 2008 奥运会风险管理的理念

筹备、组织北京奥运会存在各种各样的风险，有风险就应该进行风险管理，但所有的风险管理都需要在财务方面进行投入从而会增加举办奥运会的成本。因此，北京 2008 奥运会风险管理应在风险成本最小化的思想下，建立整合风险管理的理念。

整合风险管理是当今风险管理领域的发展趋势，即组织中所有风险由一个部门统一管理。按照这一理念，应建立一个统一的部门，对 2008 奥运会筹备、举办过程中面临的所有风险进行管理。

北京 2008 奥运会风险管理的首要目的是：

（1）尽可能保证赛事不因事故的发生而取消、推迟或中断。

（2）维护国际奥委会以及北京奥组委的形象和声誉。

（3）防范、规避人身伤亡和财产损失等风险。

8.1.2 北京2008奥运会风险管理的措施

按照影响的不同，北京2008奥运会风险管理的措施可以分为两类，一类为控制型措施，包括风险规避、损失控制和控制型风险转移；另一类为融资型风险，包括风险自留、保险、套期保值和其他合约化风险转移手段，如图8-1所示。

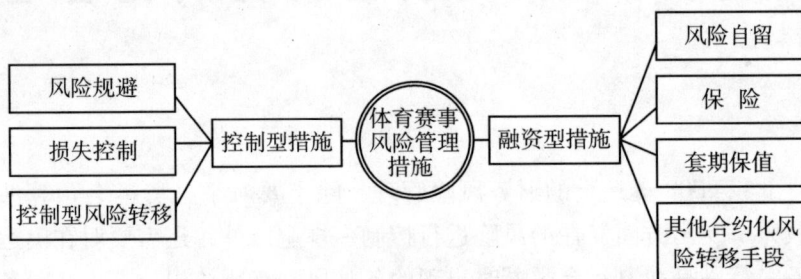

图8-1 体育赛事风险管理措施的分类

其中，控制型措施着眼于通过降低损失频率或损失幅度事先对风险本身进行改变，融资型措施则着眼于事后的经济补偿。①

8.2
明确风险管理的原则

明确风险管理的原则是北京2008奥运会风险管理的第一步，这里，需要明确风险管理的原则，以此作为整个风险管理体系的指导思想，并将其贯穿到所有风险管理的环节，取得所有风险管理人员的认可。

8.2.1 全面贯彻《奥林匹克宪章》精神

针对奥运会中可能存在的各种风险，《奥林匹克宪章》的全面贯彻

---

① Scott E. Harrington and Gregory R. Niehaus, *Risk Management and Insurance* [M]. New York: Irwin/McGraw-Hill Inc., 1999.

执行是控制、规避风险的根本保障，是管理奥运会中任何风险的出发点和归宿。《奥林匹克宪章》中全面、系统、深刻地阐述了奥林匹克主义、奥林匹克宗旨和奥林匹克运动的宗旨等奥林匹克运动思想体系的核心内容。只有全面遵循《奥林匹克宪章》中的各项规定，才能使北京 2008 奥运会以及今后其他奥运会举办城市在行动方面做到有理、有利、有节。

8.2.2　履行《2008 年第 29 届奥林匹克运动会主办城市合同》中规定的各项义务

2006 年 10 月 1 日，胡锦涛同志的《在北京市考察奥运会工程建设时的讲话》中指出："切实履行我们在申办奥运会时做出的承诺。筹备奥运会，是我们对国际社会承担的庄严责任和义务，必须切实遵守和认真履行所做出的各项承诺，树立我国诚信守诺的良好形象。既要遵守奥运会的惯例，又要注意与我国国情相结合，努力为各国各地区的运动员、官员、记者和朋友参加比赛或开展工作创造便利条件。要全面推进奥运场馆建设和配套工程建设，确保高质量按时完成各项建设任务。"胡锦涛同志对奥运会工程建设的讲话对于北京筹备和举办 2008 奥运会至关重要，体现出了我们的诚信，有重要的指导意义。

《2008 年第 29 届奥林匹克运动会主办城市合同》（以下简称《合同》）包括以下 11 个部分：基本原则；策划、组织和举办奥运会的原则；住宿的组织工作；比赛的组织工作；文化活动的组织工作；仪式；奥林匹克圣火与火炬接力；财务与商业义务；奥运会的媒体报道；其他义务；终止和其他等。北京在筹备、举办奥运会的过程中必须严格遵守《合同》中规定的各项条款，如果确实有不可抗拒原因需要改变条款的，应及时向国际奥委会、国际单项体育联合会、国家或地区奥委会等方面进行通报，以达成谅解，求得相互支持，相互合作，坚决杜绝随意更改《合同》条款的情况发生，否则将有可能引起不必要的麻烦。

8.2.3　践行《北京 2008 奥运会申办报告》中的各项陈述内容

北京奥运会的申办报告包括 17 个部分：国家、地区及候选城市特点，法律，海关和入境手续，环境保护与气象，财政，市场开发，比赛项目总体构想，残疾人奥运会，奥运村，医疗卫生服务，安全保卫，住宿，交通，技术，新闻宣传与媒体服务，奥林匹克主义与文化，保证书等。这些方面的内容，是中国在申办奥运会时对世界的承诺，涉及北京城市建设的方方面面，涉及北京奥运会的方方面面。在筹备、举办奥运会的过程中，必须践行申办报告中在城市建设、奥运会服务等方面的承诺，集中国之力、北京之力办好 2008 年奥运会。

8.2.4 执行各国际单项体育联合会制定的各项目 《竞赛规则》 和其他有关规定

各国际单项体育联合会制定的《竞赛规则》和有关规定是保证比赛顺利进行的依据。奥运会的比赛必须执行各国际单项体育联合会制定的竞赛规则和有关规定，这主要涉及本项目的竞赛办法、参赛人员、比赛场地、训练场地、器材、灯光、医疗服务、保险、兴奋剂检测、技术代表、经费和其他等方面的具体要求，奥运会期间发生的一切与竞赛有关的问题都要执行这些具体的规定。

8.3

风险规避

风险规避是指在体育赛事筹备之前分析该赛事是否存在重大事故的隐患，如果存在重大事故发生的可能性，而重大事故发生后将造成无法挽回的后果，或者赛事举办方不能或不愿意承担相关事故的责任，那么就应该采取风险规避的做法，取消该赛事，或者改变原来赛事的性质，如举办地点、时间，等等。例如，为了避免恶劣天气的影响，从 1948 年伦敦奥运会开始，体操比赛改在室内场馆进行。

8.4

损失控制

损失控制在北京 2008 奥运会的风险管理措施中所占的比例最大，

它是指通过降低损失概率或者减少损失程度来减少期望损失成本的各种行为，分别称为损失预防和损失减少，也有一些措施同时具有这两方面的作用，[①] 如对安全保卫人员进行培训。

8.4.1 成本控制

这里需要特别注意的是，针对奥运会的财务状况，组织者会很容易地将举办奥运会获得的收入一一列举出来，以此说明举办奥运会的好处：可以创造巨大的经济财富，可以不用政府拿出纳税人的钱，政府不会有沉重的经济负担，等等。但对于举办奥运会的支出，往往则停留在预算的水平，多数情况是举办奥运会的预算收支基本平衡，或略有盈余。设想一下，举办一个规模如此巨大的、各方面要求极高的奥运会，屈屈十几亿或二十亿美元的支出主要是举办奥运会的运行方面的支出，也就是前面所说的组织支出，而在奥运会比赛场馆建设、奥运会举办城市基础设施建设、交通、安保和环境保护等方面的支出远没有列在预算之中。这将带来两方面的问题，一是举办城市的公众是否认可花巨资举办奥运会的做法，特别是当奥运会筹备过程中，或奥运会举办之后（当人们远离赛场的喧嚣和狂热之后），当人们知道举办奥运会的支出远比奥运会组织者在预算中报告的数字大得多的时候；二是奥运会举办之后，奥运会遗留的大量所谓的"奥运遗产"——大量的体育设施，每年，甚至每一天都需要巨资进行赛后的维护、用电、用水等无休止的消耗。对此，组委会和奥运会的举办城市要不间断地增加举办奥运会的收入，尽可能减少各方面的支出，特别是对工程支出的直接支出部分和间接支出部分，在保证奥运会正常举办的基本条件的前提下，要最大限度地使用和利用现有的设施。同时，对奥运会后比赛场馆的赛后利用要有完备的计划，避免在财务方面出现问题引起公众的不满，或由此带来其他的社会问题。

---

① Scott E. Harrington and Gregory R. Niehaus, Risk Management and Insurance. New York: Irwin/McGraw-Hill Inc., 1999.

8.4.2 安全检查与安全保卫

检查与安全保卫统称安全管理，它从防患于未然的角度对奥运会的风险进行了根本的控制，尽量使风险事件不发生或少发生。

防患于未然是风险管理的一个核心思想，奥运会的安全管理就是对于事先能够识别出来的风险，采取风险规避或风险控制的方法降低风险。如果在奥运会的筹备过程中，发现某个场馆的建设可能会危及周边环境，那么就应该考虑重新选址；如果发现哪些地方存在安全隐患，就要采用工程性的措施减少隐患，或通过培训等非工程性的措施进行管理。

各国在举办奥运会时都在安全检查和安全保卫方面投入巨资。例如2004年雅典奥运会用于安全方面的花费高达15亿美元。北京2008奥运会组委会也准备在原定5 000万美元的安全方面的资金投入的基础上再增加投入，场馆内安全方面将投入3亿美元，以确保奥运会的顺利举办。由此可见，事先进行安全管理越来越受到重视。

安全检查有助于降低风险事件发生的可能性。例如2002年盐湖城冬奥会制定了严密的安全检查制度，奥运村附近的停车地带都设置了路障，周围居民和商人必须经过严格的安全检查，赛场各处都安装有探测器和监测录像机。

无论是像奥运会这样的大型赛事，还是一些小型赛事，安全保卫工作一直都备受重视。安全保卫不仅可以及时发现事故的苗头，起到损失预防的作用，而且可以在事故发生后，及时进行干涉，避免损失的扩大。例如，1988年韩国汉城奥运会，根据当时的社会情况，汉城在最后一天进行的马拉松比赛中，为了确保比赛的安全，在比赛途中，执勤的穿着制服的警察、士兵以及便衣侦探达6.7万人，几乎每两英尺就有一人（董杰、刘新立、宋璐毅，2005）。

8.4.3 制定应急计划

应急计划是指在事前进行风险事故的情景模拟，根据模拟的情况做出周密的安排，详细列明各项行动方案，以便在风险事故一旦发生后，计划中涉及的各个方面可以按照事先的安排立即行动起来，将损失减小到最低限度。应急计划是常用的损失减少方法，表 8 - 1 显示了 1996 年亚特兰大奥运会对闷热天气制定的应急计划（金磊，2004）。

表 8 - 1　　　　　　　1996 年亚特兰大奥运会的防暑应急计划

级别	状态	计划
一级	气温接近 32℃	防暑一级准备
二级	气温接近 35℃	须打开水源，急救人员和车辆到位
三级	气温超过 35℃	所有场馆开启降温设备，向观众喷水，发出可能中暑警告
四级	持续高温	所有移动水箱全部打开，空调车在场外候命

如果风险事件不可避免地发生了，对于自己承担的部分，要事先做好完备的预案。

在北京 2008 奥运会整个筹备和举办过程中，一点闪失都可能导致前功尽弃。为了实现"绿色奥运、科技奥运、人文奥运"的理念，北京 2008 奥运会的组织工作应该力求严密，除了进行风险控制和风险转移之外，还应该根据历史事实设想可能发生的突发事件。

首先，要有详细的应急行动计划。

其次，各项应急行动计划在真正实施时能否奏效，不仅取决于行动本身是否合理，还取决于行动的实施是否及时、到位。

第三，要有完善的通信渠道。这里的通信渠道是指双向的信息传输。一方面，危机最初的苗头要能够很快传递到组织内部，并能够被组织内部所察觉。一个组织越早意识到危机，就越能保证处理危机时间上的充裕性，公众感觉也就越安全，反之，等事态已经发展到不可收拾了，即使能够挽回局面，成本也可能大得多。此外，信息传递到组织是一回事，组织是否意识到又是另一回事，1994 年底的英特尔公司奔腾芯片事件就是一个典型案例。1994 年，一位大学教授发现，奔腾芯片在执行复杂数学运算时精度有一些问题，于是他联系英特尔公司，报告了他的发现。但公司对其产品极有信心，竟然有礼貌地将教授回绝了，于是这位教授转向因特网去求证他的疑问，结果在网上引发了近万条讨论，其中包括大量尖刻的笑话。在这个例子中，信息的传输不成问题，而英特尔将信息判断为一个简单的技术性问题以及随后的轻率态度，却使得公司陷入了危机，公司因此损失了 4.75 亿美元。另一方面，组织对危机的处理措施和态度也要能够迅速地传递给各个措施执行者和公众。这种通畅的渠道也有赖于事先建立。例如在洛克希德——马丁公司，其中心位置保存着与公司所有重要部门的每一位成员书面联系所需的一切物资。在两三天内，一封信就可以发到 17 万公司员工和 4.5 万股东的家中。如果信息的传输涉及一些组织以外的陌生机构，事先建立联系就更加重要。

最后，要进行预先的演练。危机的破坏性容不得半点闪失，事先制定的应急预案可能看起来很完备，但要想保证实践起来真的万无一失，还有赖于事先的演练。

有了完备的预案，当危机真的爆发时，解决起来就会有条不紊得多。除了实施预案中的措施，临时可能也会有一些情况是事先没有预计到的，这里的一个经验就是：多披露比掩盖要好，即使短时期内有损害奥运会组委会的风险也值得，因为这样至少不会引发进一步的信誉危机。许多组织在危机最初开始出现苗头甚至已经形成规模时的一种做法就是掩盖，试图通过隐瞒公众以争取时间或者根本并不采取任何措施，这样做的结果往往是事与愿违，因为事态会继续发展下去，等到公众知晓时，事态可能会更加严重，对公众的冲击反而更大，而且这时公众是自己知道的事情真相，随之而来的就是怨恨，这一结果和刚一开始时就由组织公布真相并同时公布自己的处理措施必然有天壤之别。

8.4.4 设置突发事件的管理机构，进行有关人员的培训

北京 2008 奥运会的风险可能由任意一个触发事件引起，因此，应对此高度重视，设置突发事件的管理机构，进行有关人员的培训。

突发事件的管理机构包括两个部分，一个是紧急应变小组，另一个是突发事件处理小组。紧急应变小组的成员在事故发生后要在第一时间抵达现场，所以小组的组成结构非常重要，通常包括组织的最高决策者。这样，一方面能满足临时应变决策实施的需要，另一方面也向公众显示组织解决问题的诚意。对于公众来说，他们关心的远不止发生了什么，他们更关心组织如何解决事件，很多失败的案例都是因为公众感觉

不到组织的诚意，从而使得事态扩大。紧急应变小组将事态稳定下来的同时或之后，事件可能并不会马上平息，公众在等待看你下一步怎么做，组织也并不会就此松一口气，这是一个敏感阶段。这个任务就是由处理小组指导完成的。

突发事件的发生，常常不以人的意志为转移，设置突发事件管理机构的目的是为了更好地预防突发事件的发生，北京 2008 奥运会组委会可以在安全保卫部门或公共关系部门设置一个突发事件管理机构，一旦在筹备、举办奥运会的过程中发生突发事件或危机，不至于让组委会措手不及。组委会设立的突发事件应急处理指挥机构，由组委会有关部门组成，组委会主管领导人担任总指挥，还要选好机构的人员，负责对突发事件应急处理的统一领导、统一指挥，各部门做好突发事件应急处理的有关工作，以提高效率。

奥运会举办方应适时地进行人员培训。要提高受训人员的风险意识，克服麻痹大意思想；要明确风险的危害，由于风险的影响是多方面的，忽视任何一个方面都需要为此付出高昂的代价。这就是说，受训的人员越多越好，针对性越强越好。

需要明确的是，不论是设置突发事件的管理机构，还是对突发事件进行处理，或进行人员的培训等，都需要财务方面的支出，而突发事件管理机构庞大、突发事件发生的次数过多、人员培训数量过多等都将极大地增加奥运会组委会和举办城市的支出，这不仅仅给奥运会的成功举办在社会效益方面带来负面影响，而且在财务方面也将带来负面影响。这就带来了一种矛盾，人员的培训可以为处理突发事件争取更多的时间，减少突发事件造成的损失，但仅仅以为了处理突发事件而进行的人员培训显然不够经济，奥运会毕竟是在做好各项筹备工作的前提下举办的，突发事件发生的可能性毕竟有限，因此，需要认真加以论证，分析各种突发事件发生的可能性，找到一个适当的度，目的是可以在突发事件来临时有机构、人员能够应付，又不至于为此花费过多。

8.4.5　信息管理

信息管理属于同时兼有损失预防和损失减少作用的措施。在北京

2008 奥运会举办期间，应保持信息的通畅，这不仅可以减少事故的发生，也有助于在事故发生时迅速施救，从而减少救援损失时的支出。

2002 年盐湖城冬奥会上，犹他州的奥运安全指挥中心利用地理信息系统，为赛场外的安全保卫人员提供精确、及时、有效的信息。使用系统的每一个人都会看到同一幅地图，有异常情况的地区会在地图上标注显示出来，这样就可以使警方方便判断从何处布置资源和警力。这种高科技信息系统的使用，将极大地增加举办奥运会的成本，但这样做可以很好地防范各种意外事件的发生，即便发生意外事件，也能够及时进行处理。

8.4.6 利用危机

所谓利用危机，实际上是利用了危机时公众对组织的注意力。

北京奥运会中如果出现任何问题，都会引起各方面更广泛的关注，对此，应根据事先制定的完备预案，解决各种问题，树立组委会和政府的形象，使出现的各种突发事件变成弘扬奥林匹克精神和人文奥运理念的机会，主要的目的是将突发事件产生的损失降到最小。

北京 2008 奥运会一直把举办一届奥运历史上最成功的奥运会作为目标，而当危机发生时，是全世界空前关注比赛的时期，如果奥运会主办方能够利用这个机会，在危机处理的过程中适时地宣传其理念，会比任何一个广告都深入人心，从某种程度上来说，这种效果是任何一种活动都无法相比的，因为在正常情况下，观众观看比赛时注意力主要都是集中在比赛本身、运动员的技战术的运用等方面，而在发生危机时，所有有关的甚至是无关的观众都变得异常紧张和敏感，一点小小的关怀都可能会给他们以巨大的震撼。

总的来说，危机管理的真谛和风险管理相同，那就是组织要有明确的并且是正确的目标，并且永远以这个目标为任何行动的指南。具备了这一点，就像是有所准备的人，无论面临什么险境，总能化险为夷，抓住机会，否则，就只能像没有准备的人，任何沟沟壑壑都可能倒下，即使机会到来，也只能无奈地错过。

8.5

风险自留

应用风险自留的情况主要有两种，一种是主动的自留，对于损失概率和损失幅度均较小的风险，可以进行主动自留，损失一旦发生，自行处理；另一种是被动自留，有些风险在事先没有考虑到，或者由于其发生概率小而心存侥幸，没有做任何损失控制和损失融资的措施，这些风险事故如果发生，奥运会举办方就只能被动地承担了，而这将极大地增加组委会的支出。

风险自留是一种融资型风险管理措施，重心是在损失发生后筹集资金来弥补损失，所谓风险自留，是指弥补损失的资金直接来自于风险承担者内部，即赛事举办方。这些资金可以来自于日常运作成本，也可以是一笔专用的应急基金，尤其是损失可能会比较大的风险，应急基金就更显得重要。

例如，1986 年得克萨斯州休斯敦市美国奥林匹克节游泳比赛开始前 2 个小时的时候，游泳池冷却系统突然无法工作了，而赛事主办方事先对此毫无准备，但他们迅速开始行动，请当地所有的冷冻食品公司贡献冰块来冷却游泳池，使比赛得以准时开始。类似于这样的情况，就需要有一定的内部资金支持（纪宁、巫宁，2004）。

8.6

保险

在体育赛事中，即便做了一系列风险控制，还是很难消除一些风险，如果风险事件不可避免地发生了，对于自己不能承担的部分，保险就是一种较好的风险转移措施，对于一些奥运会中可能发生的可保风险，通过向保险公司缴纳保险费，奥运会举办方可以将风险转移给保险公司（董满秀，2005）。

在一些重大体育赛事中，保险都是一种转移风险的重要手段，如 2004 年雅典奥运会主办方就支付了 3 000 万美元的保险费。

可以为体育赛事风险进行保险的险种包括财产保险、人身保险、责任保险等。财产保险是指对有形财产的损失及相关利益进行保障的保险，如对赛场设备、器械、场馆等的损失及由此或其他原因导致的赛事取消进行保险；责任保险是对赛事举办方因违反责任而付出的赔偿进行保障的保险；与体育赛事有关的人身保险主要是人身意外伤害保险，是对运动员、裁判员、观众及其他人员因意外事件而遭受身体损伤的保险，保险保障涉及医疗费用、护理费用、全残或部分残疾导致的收入损失等。

表 8 - 2 列出了北京 2008 奥运会举办方可以投保的主要保险类型及其保障内容（董杰、刘新立、宋璐毅，2005）。

表 8 - 2　　　　北京 2008 奥运会体育赛事保险的种类及其保障内容

	保险类型	保障内容
财产保险	工程保险	在赛事筹备过程中，建筑工程和安装工程中的各种财产因自然灾害、意外事故、其他外来原因及工厂、技术人员缺乏经验、疏忽、恶意行为等造成的物质损失和费用。
	货物运输保险	运输途中的货物因自然灾害和意外事故造成的损失。
	财产保险综合险	场馆等建筑物、设备、器械、赛场设施等因自然灾害和意外事故造成的损失，损失原因包括火灾、爆炸、雨淋、雷击、飞行物落下等十几种。如果还有其他保障需求，可以通过附加险的形式购买。
	赛事取消保险	由于赛事的取消或中断导致的损失。赛事取消的原因可以是天气原因或意外事故。
责任保险	综合责任保险	对火灾、失窃及人身伤害等导致的损失负有责任，需要赔偿所带来的损失。
	机动车责任保险	机动车造成的他人身体伤害或财物损毁。
	员工赔偿保险	赛事举办方雇用的员工、志愿者等因工受伤而导致的损失。
人身保险	人身意外伤害保险	运动员、裁判员、教练员、随队官员、工作人员、志愿者、观众及其他人员因意外事件而遭受身体损伤，从而发生的医疗费用、收入损失等。

8.7

套期保值

对于北京 2008 奥运会面临的汇率风险，可以通过某经纪公司在国际市场上进行期货或期权的套期保值，将汇率风险转移到国际资本市场上，从而避免奥运会组委会和举办城市收入的减少。

附：

本书专用词汇中英文对照表

缩写	英文	中文
VIK	Value in Kind	服务、技术和物资方面的赞助
IOC	International Olympic Committee	国际奥委会
OCOG	Organising Committee for the Olympic Games	奥运会组委会
IFs	International Federations	国际单项体育联合会
TOP	The Olympic Partners	奥林匹克全球合作伙伴
NOC	National Olympic Committee	国家或地区奥委会

参考文献

1. The Official Report of the Organizing Committee for the Committee for the Games of the XVI Olympiad Melbourne, 1956.

2. The Organizing Committee of the Games of the XVII Olympiad, The Games of the XVII Olympiad Rome 1960, The Official Report of the Organizing Committee.

3. The Organizing Committee for the Games of the XVIII Olympiad, The Games of the XVIII Olympiad Tokyo 1964, The Official Report of the Organizing Committee, 1966, 10.

4. Organizing Committee of the Games of the XIX Olympiad, Official Report of the Olympic Games, 1968: XIX Olympiad, Mexico City, October 12 - 27, 969.

5. The Official Report of the Organizing Committee for the Games of the XXth Olympiad Munich 1972, issued by pro Sport München.

6. Montreal rganizing Committee of the 1976 Olympic Games, Montreal 1976: Games of the XXI Olympiad, Montreal 1976: Official Report, 1978.

7. Games of the XXII Olympiad, Moscow 1980: Official Report of the Organising Committee of the Games of the XXII Olympiad, Moscow, 1980.

8. Official Report of the XXIII Olympiad.

9. The Seoul Olympic Organizing Committee. Official Report, The Korea Textbook Co. , Ltd. , September 30, 1989.

10. COOB92, S. A. Official Report of the Games of the XXV Olympiad Barcelona 1992. Printing, Binding and Case: Cayfosa Industria Grafico.

11. The Atlanta Committee for the Olympic Games, The Official Report of the Centennial Olympiad Gamas, 1997.

12. Sydney Organising Committee for the Olympic Games, Official Report of the XXVII Olympiad, Paragon Printers Australasia 13 – 15 Wiluna Street Fyshwick ACT 2609, First Edition.

13. Official Report of the XXVIII Olympiad.

14. Ferran Brunet, An Economic Analysis of the Barcelona 92 Olympic Games: Resources, Financing, and impact; Moragas, Miquel de & Miquel Botella (eds.): The Keys to Success. Barcelona: Universitat Autònoma de Barcelona, 1996.

15. George Wright, Sport and Globalization, Olympic Review, XXV – 29, October – November, 1999, 17 – 21.

16. Holger Preuss, Rarely Considered Economic Aspects of Cities Hosting the Olympic Games, 2001, World Conference "Sport and Tourism" (Barcelona, Spanien).

17. Jim Airola, Dr. Steven Craig, The Projected Economic Impact on Houston of Hosting the 2012 Summer Olympic Games 2000.

18. Scott E. Harrington and Gregory R. Niehaus, Risk Management and Insurance. New York: Irwin/McGraw – Hill Inc., 1999.

19. Stedman Graham, Lisa Delpy Neirotte and Joe Jeff Goldblatt, The Ultimate Guide to Sports Marketing (2nd ed.). McGraw – Hill Companies, 2000.

20. Scott M. Cutlip, Allen H. Center, Glen M. Broom. Effective Public Relations, Seventh Edition. Prentice Hall, 1996.

21. Cummins, J. David. Risk Management and the Theory of the Firm Journal of Risk and Insurance, 43: 587 – 609, 1976.

22. Williams, Jr., C. A. et al., Risk Management and Insurance. 8th ed, New York: Irwin/McGraw – Hill Inc., 1998.

23. Report of the IOC Evaluation Commission for the Games of the XXX Olympiad in 2012. www. olympic. org, 2005, 7 5.

24. Sydney 2000 Olympic Games Marketing Programmes. www. olympic. org.

25. Olympic Games. www. olympic. org, 2001, 2002, 2003, 2004, 2005, 2006, 7 15.

26. [美] 克里斯·查普曼、斯蒂芬·沃德著:《项目风险管理——过程、技术和洞察力》（Processes, Techniques and Insights），电子工业出版社 2003 年版。

27. ［韩］朴世直：《我策划了汉城奥运会》，中信出版社 2005 年版。

28. ［英］罗宾·科恩、保罗·肯尼迪著：《全球社会学》，社会科学文献出版社 2001 年版。

29. ［西］胡安·安东尼奥·萨马兰奇：《奥林匹克回忆》，世界知识出版社 2003 年版。

30. ［英］David Miller：《萨马兰奇与奥林匹克》，人民体育出版社 1993 年版。

31. ［美］诺曼·R·奥古斯丁：《危机管理》，中国人民大学出版社 2001 年版。

32. 保罗·A·萨缪尔森：《萨缪尔森词典》，京华出版社 2001 年版。

33. 哈维·S·罗森：《财政学》，中国人民大学出版社 2000 年版。

34. 森岛通夫：《日本为什么"成功"——西方的技术和日本的民族精神》，四川人民出版社 1986 年版。

35. 董杰：《奥运会对举办城市经济的影响》，经济科学出版社 2004 年版。

36. 董杰：《现代奥运会收入来源的研究》，载《体育与科学》2001 年第 6 期。

37. 董杰：《现代奥运会支出的分类与模式》，载《体育科学》2003 年第 1 期。

38. 吕树庭：《从美、日、韩承办奥运会引出的思考》，载《体育科学》1992 年第 4 期。

39. 崔颖波、赵广辉：《东京奥运会后的日本体育发展给我们的启示——兼论 2008 年北京奥运会后我国的体育方针》，载《体育与科学》2004 年第 4 期。

40. 第 29 届奥林匹克运动会组织委员会组织编写，北京市教育委员会编撰：《北京奥运会通用培训系列教材——北京奥运会工作人员读本》，北京体育大学出版社 2006 年版。

41. 周荣坤、郭传玲等编：《苏联基本数字手册》，时事出版社 1982 年版。

42. 高鹏：《北京奥运会游泳、体操项目决赛时间安排仍未定》，载 www. sohu. com. cn，2006 年。

43. 雷鹏：《现代奥运会商业赞助特征的研究》，载《西安体育学院学报》2004 年第 2 期。

44. 北京 2008 年奥林匹克运动会申办委员会编著：《北京 2008 年奥林匹克运动会申办报告》（中英文版），奥林匹克出版社 2001 年版。

45. 2008 年第 29 届奥林匹克运动会主办城市合同，2001 年 6 月 27 日。

46. 第 29 届奥林匹克运动会组织委员会，北京 Beijing 2008，ISSUE 02，2006。

47. 第 29 届奥林匹克运动会组织委员会，北京 Beijing 2008，ISSUE 国际体育大会特刊，2007。

48. 董杰：《奥运会电视转播权的研究》，载《体育文化导刊》2004 年第 2 期。

49. 任海主编：《奥林匹克运动百科全书》，中国大百科全书出版社 2000 年版。

50. 董杰：《论奥运会的全球化特征》，载《体育与科学》2006 年第 2 期。

51. 罗兰·罗伯森：《全球化－社会理论和全球文化》，上海人民出版社 2000 年版。

52. 国际奥林匹克委员会：《奥林匹克宪章》，奥林匹克出版社 1993 年版。

53. 国际奥林匹克委员会：《奥林匹克宪章》，奥林匹克出版社 2001 年版。

54. 刘修武主编：《奥林匹克大全》，人民体育出版社 1988 年版。

55. 王玉恒：《全球化与价值冲突的讨论综述》，载《学术界》2000 年第 6 期。

56. 赵爱国：《国际政治视角中的奥林匹克运动》，载《体育文化导刊》2004 年第 3 期。

57. 吴贻刚：《国外体育全球化研究现状、问题及启示》，载《山东体育学院学报》2004 年第 1 期。

58. 康健：《全球化背景下社会意义的放大》，载《理论与改革》

2001 年第 1 期。

59. 北京奥运会组委会：《北京奥运会工作人员读本》，北京体育大学出版社 2006 年版。

60. 吴鹏森：《全球化进程中的世界社会结构变动》，载《江苏行政学院学报》（南京）2004 年第 1 期。

61. 何振梁：《北京奥运会对我国发展的影响》，载《体育文化导刊》2004 年第 3 期。

62. 李艳翎主编：《奥林匹克运动全书》，国际文化出版公司 2001 年版。

63. 徐昌豹等主编：《奥林匹克田径》，人民体育出版社 2001 年版。

64. 何志林主编：《奥林匹克足球》，人民体育出版社 2001 年版。

65. 张继池主编：《奥林匹克篮球》，人民体育出版社 2001 年版。

66. 体育概论教材编写组：《体育概论》，高等教育出版社 1995 年版。

67. 邵金宝等主编：《奥林匹克体操》，人民体育出版社 2001 年版。

68. 董杰：《奥林匹克知识产权保护的要义》，载《中国经济社会论坛》2006 年第 8 期。

69. 董杰、刘新立、宋璐毅：《北京 2008 奥运会对突发事件的风险管理》，载《体育与科学》2006 年第 1 期。

70. 高毅存主编：《奥运会城市场馆规划与设计》，中国建筑工业出版社 2003 年版。

71. 董杰：《日本、韩国和中国举办奥运会财务状况的比较研究》，载《武汉体育学院学报》2007 年第 1 期。

72. 董杰：《体育赛事的风险管理研究》，载《武汉体育学院学报》2007 年第 5 期。

73. http: //www. beijing 2008. cn.

74. http: //www. tickets. beijing 2008. cn.

75. 《风险管理》编写组：《风险管理》，西南财经大学出版社 1994 年版。

76. 纪宁、巫宁：《体育赛事的经营与管理》，电子工业出版社 2004 年版。

77. 董满秀：《由雅典奥运的风险因素和防范模式透析北京奥运会

的保险问题》，载《成都体育学院学报》2005 年第 2 期。

78. 金磊：《城市灾害防御与综合危机管理安全奥运论》，清华大学出版社 2004 年版。

79. 郭明方、孔平：《对北京 2008 年奥运会风险及管理对策的研究》，载《体育科学》2003 年第 1 期。

80. 《奥本山宫殿群殴事件新进展　十名嫌疑人遭到起诉》，载 www. sohu. com，2004 年 12 月 10 日。

81. 《北京 2008 年奥运会门票价格详览　篮球赛票价最高》，载 http：//2008. sina. com. cn，2007 年 3 月 8 日。

82. 朱金官主编：《奥林匹克趣味百科》，东方出版中心 1996 年版。

83. 《突发公共卫生事件应急条例》，载 http：//www. net1868. net/ cpma，2003 年 6 月 2 日。

84. 《女足世界杯易址损失惨重 更夸张的数据都有望出现》，载 http：//sports. tom. com，2003 年 5 月 9 日。

85. 刘淇主编：《北京奥运经济研究》，北京出版社 2003 年版。

86. http：//eh. net/hmit/exchangerates.

87. 周荣坤、郭传玲等编：《苏联基本数字手册》，时事出版社 1982 年版。

88. http：//www. federalreserve. gov/releases/h10/Hist/dat 96_ sp. htm.

89. http：//www. x－rates. com/cgi－bin/hlookup. cgi.

责任编辑：齐伟娜
责任校对：徐领弟　王苗苗
版式设计：代小卫
技术编辑：邱　天

图书在版编目（CIP）数据

奥运会的财务风险管理／董杰，刘新立著．—北京：经济科学出版社，2008.4
ISBN 978 - 7 - 5058 - 7109 - 0

Ⅰ. 奥…　Ⅱ.①董…②刘…　Ⅲ. 奥运会 - 财务管理 - 研究　Ⅳ. G811.21　G80 - 05

中国版本图书馆 CIP 数据核字（2008）第 049058 号

奥运会的财务风险管理

董　杰　刘新立　著
经济科学出版社出版、发行　新华书店经销
社址：北京市海淀区阜成路甲 28 号　邮编：100036
总编室电话：88191217　发行部电话：88191540
网址：www. esp. com. cn
电子邮件：esp@ esp. com. cn
北京欣舒印务有限公司印刷
德利装订厂装订
787 ×1092　16 开　11 印张　200000 字
2008 年 4 月第 1 版　2008 年 4 月第 1 次印刷
ISBN 978 - 7 - 5058 - 7109 - 0/F · 6360　定价：25. 00 元